Georg Hahn (Hrsg.)
Der Glaube der Denker und Dichter

Georg Hahn
(Hrsg.)

Der Glaube der Denker und Dichter

Selbstzeugnisse aus zwei Jahrhunderten

Kreuz Verlag Stuttgart · Berlin

CIP-Kurztitelaufnahme der Deutschen Bibliothek

Der Glaube der Denker und Dichter:
Selbstzeugnis aus 2 Jh. / Georg Hahn (Hrsg.). –
1. Aufl. – Stuttgart; Berlin: Kreuz-Verlag, 1983.
ISBN 3-7831-0696-6
NE: Hahn, Georg [Hrsg.]

1. Auflage 1983

Umschlagfotos: Bender N.Y., dpa, Historia-Photo
Gestaltung: Hans Hug
Gesamtherstellung: Ebner Ulm
ISBN 3 7831 0696 6

Inhalt

Georg Hahn

Der gelernte Buchhändler (geboren 1915) lebt heute in Speyer. Im Zweiten Weltkrieg war er Soldat in Frankreich, Polen, Italien und Rußland. In der Gefangenschaft arbeitete er im Gebiet von Pensa und an der Wolga als Holzfäller, in Kolchosen und Fabriken. 1948 kehrte er in die Heimat zurück; bis 1978 war er Leiter einer Buchhandlung. Von ihm sind bisher folgende Bücher erschienen: »Vom Sinn des Todes« (Zürich 1975), »Vom Sinn des Daseins« (Stuttgart 1977), »Freud und Leid des Alters« (Stuttgart 1979), »Rheinland-Pfalz im Buch« (Mainz 1979), »Mehr als nur Erinnerung« (Stuttgart 1980) und »Speyerer Autoren (Speyer 1981).

Vorwort

Dem Leser begegnen in diesem Buch zentrale Aussagen von Denkern, Wissenschaftlern und Dichtern des 19. und 20. Jahrhunderts. Diese Texte können und sollen die Grundlage bilden für eine Diskussion zum Thema Glauben. Dabei handelt es sich um keine willkürliche »Blütenlese«, sondern um eine sorgfältig zusammengestellte Dokumentation. Gleichwohl konnte die Auswahl nur subjektiv sein. Auf eine Interpretation wurde bewußt verzichtet, um den Dialog des Lesers mit den so verschiedenartigen Autoren nicht zu beeinflussen.

Zahlreich sind die Stimmen der Skepsis und des Zweifels; nicht wenige Autoren können nicht im strengen Sinne christlich genannt werden. »Des Glaubens Sonde ist der Zweifel« – dieses Wort von *Johann Gottfried Seume* (1763–1810) könnte als Motto diesem Band vorangestellt werden. Denn aus vielen Texten spricht auch die Sehnsucht nach etwas, das über unseren begrenzten menschlichen Horizont hinausreicht in eine andere Dimension, die der Dichter *Heinrich von Kleist* (1777–1811) in einem Brief vom 31. August 1806 so angedeutet hat:

»Ach, es muß noch etwas anderes geben als Liebe, Glück, Ruhm etc., wovon unsre Seelen nichts träumen. Es kann kein böser Geist sein, der an der Spitze der Welt steht; es ist ein bloß unbegriffener!«

Weit gespannt ist der thematische Bogen unserer Sammlung. Wir vernehmen tröstliche Aussagen und bohrende Fragen, wir begegnen Zeugnissen von der Sinnlosigkeit und Absurdität unseres Daseins und dem Glauben an die Vernunft und die Freiheit des Menschen. Anklagen gegen das Christentum finden sich ebenso wie gläubige Bekenntnisse zu seiner Wahrheit. Die chronologische Folge der Texte – geordnet nach dem Geburtsjahr ihrer Verfasser – läßt eine geschichtliche Entwicklung erkennen, macht aber auch deutlich, daß manche Probleme, die wir als typisch für unsere Gegenwart anzusehen geneigt sind, tiefe geschichtliche Wurzeln haben.

Die Überschriften – sie stammen, von wenigen Ausnahmen abgesehen, von der Redaktion – sollen Themen signalisieren und dem Leser die Orientierung erleichtern. Am Schluß des Buches findet sich ein alphabetisches Autorenregister mit genauen bibliographischen Angaben über die Herkunft der einzelnen Texte; das mag manchen dazu anregen, Werke bestimmter Autoren genauer zu studieren.

Das Buch wendet sich also an denkbereite Menschen, die das überlieferte Credo der Kirche nicht ohne weiteres nachvollziehen können. Andererseits hat noch kein kirchliches Bekenntnis die Christen von der Verpflichtung befreit, ihre Glaubensaussagen immer wieder kritisch zu überprüfen und neu für unsere Zeit zu formulieren. Wenn der Glaube wirksam sein soll, braucht er die dauernde geistige Auseinandersetzung. *Paul Tillich* hat einmal geschrieben: »Glaube ist Mut, der Zweifel überwindet, nicht indem er den Zweifel verdrängt, sondern indem er ihn in sich aufnimmt als ein Element seiner selbst.«

So erweist sich Glauben als ein Prozeß, der immer wieder in Gang gesetzt wird. Dieses Wagnis wurde in jeder Epoche neu eingegangen. Obwohl in unserer Zeit manche Formen der Frömmigkeit verschwunden sind, bleibt die Frage nach der Wahrheit des Christentums bestehen. Sie wird nie verstummen. Die Religion beweist zwar nicht Gott, sie schenkt uns aber die Möglichkeit, dem Göttlichen nahe zu sein. Glauben ist eine Gewißheit ohne Beweise.

Verzweiflung und Sinnlosigkeit zu überwinden, war noch niemals leicht. Schon *Martin Luther* wußte: »Wir sind besser geschickt, zu verzweifeln, denn zu hoffen.« Wir ersehen daraus, daß unsere Probleme nicht immer so neu sind, wie wir meinen. Von *Martin Luther* stammt aber auch der Satz: »Wenn wir traurig sind, ja wenn wir der Verzweiflung am nächsten sind, dann geht die Hoffnung am schönsten auf.«

Bonaventura

Wer sich hinter dem Pseudonym »Bonaventura« verbirgt, ist bis heute nicht restlos geklärt. Dem Verfasser des Werkes »Nachtwachen von Bonaventura«, das erstmals im Jahre 1804 erschienen ist, steht jedoch die funkelnde Sprachkunst und Ironie der Romantik für seine pessimistische Weltsicht mühelos zu Gebote. Der hier zitierte Abschnitt findet sich in der »achten Nachtwache« als Teil eines »Prologs des Hanswurstes zu der Tragödie: der Mensch«.

Das Schellenkleid des Nichts

Was soll es auch überhaupt mit dem Ernste, der Mensch ist eine spaßhafte Bestie von Hause aus, und er agiert bloß auf einer größern Bühne als die Akteure der kleinern in diese große wie in Hamlet eingeschachtelten; mag er's noch so wichtig nehmen wollen, hinter den Kulissen muß er doch Krone, Zepter und Theaterdolch ablegen und als abgetretener Komödiant in sein dunkles Kämmerchen schleichen, bis es dem Direktor gefällt, eine neue Komödie anzusagen. Wollte er sein Ich in puris naturalibus oder auch nur im Nachtkleide und mit der Schlafmütze zeigen, beim Teufel, jedermann würde vor der Seichtigkeit und Nichtsnutzigkeit davonlaufen; so behängt er's aber mit bunten Theaterlappen und nimmt die Masken der Freude und Liebe vor das Gesicht, um interessant zu scheinen und durch das innen angebrachte Sprachrohr die Stimme zu erhöhen; dann schaut zuletzt das Ich auf die Lappen herab und bildet sich ein, sie machten's aus, ja es gibt wohl gar andere noch schlechter gekleidete Ichs, die den zusammengeflickten Popanz bewundern und lobpreisen . . .

Der Totenkopf fehlt nie hinter der liebäugelnden Larve, und das Leben ist nur das Schellenkleid, das das Nichts umgehängt hat, um damit zu klingeln und es zuletzt grimmig zu zerreißen und von sich zu schleudern. Es ist alles Nichts und würgt sich selbst auf und schlingt sich gierig hinunter, und eben dieses Selbstverschlingen ist die tückische Spiegelfechterei, als gäbe es Etwas, da doch, wenn das Würgen einmal innehalten wollte, eben das Nichts recht deutlich zur Erscheinung käme, daß sie davor erschrecken müßten; Toren verstehen unter diesem Innehalten die Ewigkeit, es ist aber das eigentliche Nichts und der absolute Tod, da das Leben im Gegenteile nur durch ein fortlaufendes Sterben entsteht.

Wollte man dergleichen ernsthaft nehmen, so möchte es leicht zum Tollhause führen, ich aber nehme es bloß als Hanswurst und führe dadurch den Prolog bis zur Tragödie hin . . .

Arthur Schopenhauer
1788–1860

Der deutsche Philosoph, der einmal über sich selbst gesagt hat: »Das Leben ist eine mißliche Sache; ich habe mir vorgesetzt, es damit hinzubringen, über dasselbe nachzudenken«, veröffentlichte sein Hauptwerk »Die Welt als Wille und Vorstellung« im Jahre 1819. Als Ergänzung und zur Vervollständigung dieses Werks ließ er 1851 »Parerga und Paralipomena« erscheinen; in den Paragraphen 175 und 176 des zweiten Bandes finden sich hier die abgedruckten Texte.

Glauben und Wissen

Die Philosophie hat als eine Wissenschaft es durchaus nicht damit zu tun, was *geglaubt* werden soll oder darf; sondern bloß damit, was man *wissen* kann. Sollte nun dieses auch etwas ganz anderes sein, als was man zu glauben hat; so wäre selbst für den Glauben dies kein Nachteil: denn dafür ist er Glaube, daß er lehrt, was man nicht wissen kann. Könnte man es wissen, so würde der Glaube als unnütz und lächerlich dastehn, etwa wie wenn hinsichtlich der Mathematik eine Glaubenslehre aufgestellt würde.

Hiegegen ließe sich nun aber einwenden, daß zwar der Glaube immerhin mehr und viel mehr als die Philosophie lehren könne, jedoch nichts mit den Ergebnissen dieser Unvereinbares: weil nämlich das Wissen aus einem härteren Stoff ist als der Glaube, so daß, wenn sie gegeneinanderstoßen, dieser bricht.

Jedenfalls sind beide von Grund aus verschiedene Dinge, die zu ihrem beiderseitigen Wohl streng geschieden bleiben müssen, so daß jedes seinen Weg gehe, ohne vom andern auch nur Notiz zu nehmen.

Die ephemeren Geschlechter der Menschen entstehn und vergehn in rascher Sukzession, während die Individuen unter Angst, Not und Schmerz dem Tode in die Arme tanzen. Dabei fragen sie unermüdlich, was es mit ihnen sei und was die ganze tragikomische Posse zu bedeuten habe, und rufen den Himmel an um Antwort. Aber der Himmel bleibt stumm. Hingegen kommen Pfaffen mit Offenbarungen.

Unter dem vielen Harten und Beklagenswerten des Menschenloses ist keines der geringsten dieses, daß wir dasind, ohne zu wissen, woher, wohin und wozu: wer eben vom Gefühl dieses Übels ergriffen und durchdrungen ist, wird kaum umhinkönnen, einige Erbitterung zu verspüren gegen diejenigen, welche vorgeben, Spezialnachrichten darüber zu haben, die sie unter dem Namen von Offenbarungen uns mitteilen wollen. – Den Herren von der Offenbarung möchte ich raten, heutzutage nicht so viel von der Offenbarung zu reden; sonst ihnen leicht einmal offenbart werden könnte, was eigentlich die Offenbarung ist.

Der aber ist nur noch ein großes Kind, welcher im Ernst denken kann, daß jemals Wesen, die keine Menschen waren, unserm Geschlecht Aufschlüsse über sein und der Welt Dasein und Zweck gegeben hätten. Es gibt keine andere Offenbarung als die Gedanken der Weisen, wenn auch diese, dem Lose alles Menschlichen gemäß, dem Irrtum unterworfen, auch oft in wunderliche Allegorien und Mythen eingekleidet sind, wo sie dann Religionen heißen. Insofern ist es also einerlei, ob einer im

Verlaß auf eigene oder auf fremde Gedanken lebt und stirbt: denn immer sind es nur menschliche Gedanken, denen er vertraut, und menschliches Bedünken. Jedoch haben die Menschen in der Regel die Schwäche, lieber andern, welche übernatürliche Quellen vorgeben, als ihrem eigenen Kopfe zu trauen. Fassen wir nun aber die so überaus große intellektuelle Ungleichheit zwischen Mensch und Mensch ins Auge, so könnten allenfalls wohl die Gedanken des einen dem andern gewissermaßen als Offenbarungen gelten. –

Hingegen das Grundgeheimnis und die Urlist aller Pfaffen auf der ganzen Erde und zu allen Zeiten, mögen sie brahmanische oder mohammedanische, buddhaistische oder christliche sein, ist folgendes. Sie haben die große Stärke und Unvertilgbarkeit des metaphysischen Bedürfnisses des Menschen richtig erkannt und wohl gefaßt: nun geben sie vor, die Befriedigung desselben zu besitzen, indem das Wort des großen Rätsels ihnen auf ordentlichem Wege direkt zugekommen wäre. Dies nun den Menschen *einmal* eingeredet, können sie solche leiten und beherrschen nach Herzenslust.

Annette von Droste-Hülshoff
1797–1848

Die katholische Dichterin gilt als bedeutendste Lyrikerin des 19. Jahrhunderts. Balladen, Naturlyrik und religiöse Dichtung kennzeichnen ihr Werk. Das wichtigste ihrer Prosawerke ist die Novelle »Die Judenbuche«. Der Gedichtzyklus »Das Geistliche Jahr«, dem das folgende Gedicht entnommen wurde, begann sie im Alter von dreiundzwanzig Jahren, vollendete ihn jedoch erst mit zweiundvierzig Jahren. Veröffentlicht wurde der Zyklus, der den Sonn- und Feiertagen des Kirchenjahres folgt, erst drei Jahre nach ihrem Tode.

Pfingstmontag

Ist es der Glaube nur, dem du verheißt,
Dann bin ich tot.
O Glaube, der wie Lebensodem kreißt,
Er tut mir not;
Ich hab' ihn nicht.
Ach nimmst du statt des Glaubens nicht die Liebe
Und des Verlangens tränenschweren Zoll,
So weiß ich nicht, wie mir noch Hoffnung bliebe.
Gebrochen ist der Stab, das Maß ist voll
Mir zum Gericht.

Mein Heiland, der du liebst, wie niemand liebt,
Fühlst du denn kein
Erbarmen, wenn so krank und tiefbetrübt
Auf hartem Stein
Dein Ebenbild
In seiner Angst vergehend kniet und flehet?
Ist denn der Glaube nur dein Gotteshauch?
Hast du nicht tief in unsre Brust gesäet
Mit deinem eignen Blut die Liebe auch?
O sei doch mild!

Ein hartes, schweres Wort hast du gesagt:
Daß, wer nicht glaubt,
Gerichtet ist. Ich seh' nicht, wo es tagt;

Doch so beraubt
Läßt er mich nicht,
Der hingab seinen Sohn, den eingebornen,
Für Sünder wie für Fromme allzugleich.
Zu ihm ich schau', die Ärmste der Verlornen,
Nur um ein Hoffnungswort; er ist so reich,
Mein Gnadenlicht.

Du, der die Taufe der Begierde hat
So gnädiglich
Besiegelt selbst an Sakramentes Statt:
Nicht zweifle ich,
Du hast gewiß
Den Glauben des Verlangens, Sehnens Weihe
Gesegnet auch, sonst wärst du wahrlich nicht
So groß an Milde und so stark an Treue,
Brächst du ein Zweiglein, draus die Knospe bricht
Und Frucht verhieß.

Was durch Verstandes Irren ich verbrach,
Ich hab' es doch
Gebüßt so manche Nacht und manchen Tag;
Was soll ich noch?
Nach meiner Kraft,
Die freilich ich geknickt durch eigne Schulden,
Doch einmal aufzurichten nicht vermag,
Will hoffen ich, will sehnen ich, will dulden;
Dann gibst du Treuer wohl den Glauben nach,
Der Hilfe schafft.

John Henry Newman
1801–1890

Der englische Theologe, Philosoph und Dichter war zunächst anglikanischer Geistlicher. 1845 trat er zur katholischen Kirche über und erhielt 1847 in Rom die Priesterweihe. 1854–1858 war er Rektor der katholischen Universität in Dublin, 1879 wurde er zum Kardinal ernannt. Sein Hauptwerk »Apologia pro vita sua« ist eine Darstellung seines Lebens und eine Begründung seines Übertritts zum Katholizismus. Seine Predigten umfassen 11 Bände, außerdem schrieb er einen Roman sowie dramatische Dichtungen.

Die sichtbare und die unsichtbare Welt

Unser irdisches Leben verspricht etwas, was es nicht hält; es verheißt Unsterblicheit und ist doch sterblich; es birgt Leben im Tode und Ewigkeit in der Zeit; es zieht uns an durch Anfänge, die der Glaube allein zu Ende führt ... Unabhängig von unserm Offenbarungsglauben an diese große Wahrheit drängt sich uns im wirklichen Leben eine Überzeugung auf, die geradezu eine Art spürbarer innerer Gewißheit wird, daß wir ein künftiges Leben haben ... Gerade die Größe unserer Fähigkeiten läßt dieses Leben armselig erscheinen; die Armseligkeit dieses Lebens verweist unsere Gedanken nachdrücklich auf ein anderes Ziel – und die Aussicht dieses anderen Lebens gibt unserem irdischen Leben, das jenes andere verheißt, seine Würde und seinen Wert. So ist dieses Leben zugleich groß und klein; und wir tun recht, es gering zu achten, während wir es gleichzeitig in seiner Bedeutung hochschätzen ... Ist die Wertlosigkeit des Lebens, in sich selbst betrachtet, solcherart, so ist klar, wie wir es ansehen sollten, während wir es durchwandern: wir sollten eingedenk sein, daß es kaum mehr ist als eine zukünftige Stufe unseres Seins; daß es keinen Wesensteil unseres Selbst bildet, das unsterblich ist; daß wir unvergängliche Geister sind, unabhängig von Zeit und Raum, und daß dieses Leben nur eine Art Gastspiel für eine kurze Weile ist und gerade hinreicht und nur den Zweck hat, der Prüfung zu dienen, ob wir willens sind, Gott zu dienen, oder nicht. Wir sollten uns in keinem volleren Sinne in diese Welt gestellt erachten denn als Schauspieler in einem Schauspiel; uns bewußt sein, daß das Leben eine Art Traum ist, so getrennt und so verschieden von unserer wirklichen ewigen Existenz, wie ein Traum vom Wachen verschieden ist – und doch so handeln, als wäre alles, was wir sehen, Wahrheit und Wirklichkeit: weil alles, was uns begegnet, auf uns einwirkt und unser Los beeinflußt.

Es gibt eine zweifache Welt, »die sichtbare und die unsichtbare«, wie das Credo sagt: die Welt, die wir sehen, und die Welt, die wir nicht sehen. Diese Welt, die wir nicht sehen, ist ebenso wirklich da, wie die Welt, die wir sehen . . . Neben dieser Welt des Universums, die wir sehen, gibt es eine andere Welt. Sie ist ebenso groß und uns ebenso innig nahe und ist noch wundervoller. Eine andere Welt rings um uns her, obschon wir sie nicht sehen, und wundervoller als die sichtbare Welt, schon aus dem einen Grunde, weil wir sie nicht sehen. Rings um uns sind zahllose Wesen, die kommen und gehen, wachenden Auges, wirkend oder wartend, ohne daß wir sie sehen. Das ist eine Welt, die das Auge nicht erreicht, sondern einzig der Glaube . . .

Ludwig Feuerbach
1804–1872

Der deutsche Philosoph konnte nur relativ kurze Zeit als akademischer Lehrer öffentlich wirken: 1828 bis 1832 war er Privatdozent in Erlangen, 1848 und 1849 hielt er Vorlesungen in Heidelberg. Ab 1860 lebte er fast vergessen und in ärmlichen Verhältnissen in der Nähe von Nürnberg. In seinen Hauptwerken – »Das Wesen des Christentums« (1841), »Das Wesen der Religion« (1845) – vertritt er die Auffassung, an die Stelle der Gottesliebe müsse die Menschenliebe treten; Religion müsse in Anthropologie übergehen.

Die Musik der Ewigkeit

Der Tod ist nur Tod für die Lebenden; er ist Nichts an sich, nichts Positives oder Absolutes; er hat keine Realität außer in deiner Vorstellung und Vergleichung. Du vergleichst das tote Wesen mit dem einst lebendigen Wesen, wie es noch in deiner Vorstellung ist, und nur in dieser Vergleichung fixierst du den Tod, verselbständigst du ihn und denkst ihn dir mit Schrecken und Schauder als eine grausame, dem Toten selbst empfindliche, positive Vernichtung des Lebens. Der Tod ist aber keine positive Vernichtung, sondern eine sich selbst vernichtende Vernichtung, eine Vernichtung, die selbst nichtig, Nichts ist; der Tod ist selbst der Tod des Todes; indem er Leben endet, endet er selbst, stirbt er an seiner Gehalt- und Inhaltslosigkeit . . .

Wenn nun aber der Tod nur eine sich selbst verneinende Verneinung ist, so ist auch die Unsterblichkeit im gewöhnlichen Sinne als der bloße Gegensatz einer Nichtigkeit eine unwirkliche, unbestimmte Bejahung des Individuums, des Lebens und Daseins. Wenn ich von dir sage, du bist ein lebendiges, empfindsames, liebendes, wollendes, erkennendes Wesen, so sage ich unendlich mehr, unendlich Reelleres und Bestimmteres und Tieferes von dir aus, als wenn ich von dir sage, du bist unsterbliches Wesen. In jeder Handlung, Empfindung, Erkenntnis liegt mehr Wesen, mehr Realität, mehr Wirklichkeit, als in der Unsterblichkeit. So wenig ich etwas Wirkliches von der Pflanze aussage, wenn ich sage, sie ist vergänglich, so wenig ich eine Blume bestimme, wenn ich behaupte, sie vergeht, so wenig überhaupt die Prädikate Vergänglichkeit, Sterblichkeit ein Wesen affizieren, ergreifen und berühren: so wenig affiziert und trifft das Prädikat Unvergänglichkeit oder Unsterblichkeit das Leben oder Individuum. Die Eigenschaften oder Bestimmungen eines Dings sind allein wahre Bejahungen; die Bestimmungen eines Dings aber zusammen sind sein Inhalt: die Bejahung, die Wesenhaftigkeit und Wirklichkeit eines Dings ist daher sein Inhalt. Aber der Inhalt eines Dings ist erhaben ebensowohl über Sterblichkeit als Unsterblichkeit, denn er ist nur durch sich selbst bestimmt und bestimmbar, hat das Maß seiner Realität in sich selbst: wie ihm der Tod oder die Vergänglichkeit nichts nimmt, so gibt ihm die Unsterblichkeit nichts. Wie daher der Tod nur eine Verneinung ist, die Schein ist, gleicher Weise ist die Unsterblichkeit nur eine Bejahung, die Schein ist. Weise waren wahrlich diejenigen, welche behaupteten, es komme nicht darauf an, ob du lange, sondern *wie* du gelebt hast. Die Länge, die Dauer und folglich auch die Unsterblichkeit – denn diese ist, wenn du aufs Wesen eingehst, dich nicht täuschen läßt durch die Blendwerke bloßer Worte, weiter nichts als die abgezogene Vorstellung der Dauer – bestimmt nicht, aber das Wie bestimmt und entscheidet; das Wie ist Inhalt. Du bist ein unsterbliches Wesen, heißt in Wahrheit nichts anderes als du bist ein Wesen von Wert und Bedeutung. Ein sterbliches, vergängliches Wesen ist ein gleichgültiges Wesen, an dessen Sein nichts gelegen ist, das sein kann oder nicht sein kann. Aber das Interesse des Seins liegt ja allein im Inhalt des Seins. Unsterblichkeit heißt daher in Wahrheit Etwassein, denn mit dem Etwas ist die Inhalts- und Bedeutungslosigkeit, mit der Bedeutungslosigkeit die Gleichgültigkeit, Zufälligkeit und Interesselosigkeit des Daseins aufgehoben. Sei Etwas, und du bist unsterblich. Ende ist geist- und verstandlose Verneinung, Endlosigkeit geist- und verstandlose Bejahung.

Unsterbliches Leben ist *das* Leben, das um seiner selbst willen ist, das seine Bestimmung, seinen Zweck und Wert in sich selbst hat – unsterbliches Leben ist inhaltsvolles Leben. Aber schon dieses Leben hat seinen Inhalt, seinen Wert, seinen Zweck also, in sich selbst. Jeder Augenblick des Lebens ist erfülltes Sein, von unendlicher Bedeutung; um seiner selbst willen, durch sich selbst gesetzt, in sich selbst befriedigt, uneingeschränkte Bejahung seiner selbst; jeder Augenblick ist ein Trunk, der bis auf den Grund den Kelch der Unendlichkeit ausleert, der wie der Wunderkelch des Oberon immer aus sich selbst wieder sich erfüllt. Toren sagen, das Leben sei ein bloßer, leerer Schall, vergehe wie der Hauch, verwehe wie der Wind. Nein! das Leben ist Musik, jeder Augenblick eine Melodie oder ein erfüllter, seelenvoller, geistreicher Ton. Der Wind saust gehalt- und bedeutungslos an meinen Ohren vorüber; sein Wesen ist wesen- und inhaltslose Vergänglichkeit, ein interesseloses, gleichgültiges

Wehen und Verwehen. Aber der Ton ist Musik, ist Fülle, volles Sein, Grund seiner selbst, Zweck, in sich selbst bestehender Inhalt. Auch die Töne der Musik vergehen, aber jeder Ton hat als Ton Bedeutung; vor dieser inneren Bedeutung und Seele des Tons verschwindet als ein Nichtiges und Bedeutungsloses die Vergänglichkeit . . . Ein nur zeitliches, vergängliches Sein ist ein solches, wo sich das Gegenwärtigsein, Zukünftig- und Vergangensein nicht von einander unterscheidet. Denn in der Zeit als solcher ist kein Unterschied; der gegenwärtige Zeitmoment als bloßer Zeitmoment ist von dem vergangenen nicht unterschieden und abgesondert. Der Inhalt nur unterscheidet die Zeit; erst durch seine Beschaffenheit ist der gegenwärtige Moment ein bestimmter, also unterschiedener Moment. Jedes Etwas, jeder Inhalt ist daher unzeitlich und überzeitlich; jede Grenze in der Zeit eine Grenze, Verneinung der Zeit selber; jeder erfüllte Augenblick als erfüllter Ewigkeit und Unendlichkeit.

Ewigkeit ist nichts anderes als die Erfüllung und Bestimmung der Zeit, als diese die tätige, wirkliche Verneinung der Zeit in der Zeit. Ewigkeit ist Kraft, Energie, Tat, Sieg. Tat ist sie aber nur, wenn sie in der Zeit über der Zeit ist, in der Zeit die Zeit verneint. Sieger ist nur der, erhaben über das Unglück nur der, welcher im Unglück das Unglück verneint und besiegt; aber nicht der, welcher jenseits des Unglücks im weichen Schoße der Fortuna schlummert. Der Ton ist nur deswegen Ton, weil er im Vergehen die Verneinung des Vergehens, nicht bloß zeitlicher, sondern in seiner Zeitlichkeit bestimmter, inhaltsvoller, zeitverneinender Ton ist. Wohl ist der Ton kurz oder lang; ist er aber weiter gar nichts, als kurz oder lang? Wohl vergeht auch die Sonate selbst, in der diese einzelnen Töne bald kurz oder lang sind, sie wird nicht ewig fortgespielt; aber ich frage dich, wie würdest du einen solchen nennen, der, während die Sonate gespielt wird, nicht hörte, sondern nur zählte, die Dauer der Töne vom Inhalte absonderte, in dieser Absonderung die Zeitlichkeit für sich selbst zum Objekte machte, wenn die Sonate vorüber ist, die Viertelstunde, die sie gedauert hat, zum Prädikate seines Urteils über die Sonate machte, und während die anderen hingerissen von der Bewunderung ihres Inhalts, ihre Bedeutung in bestimmten Worten zu bezeichnen suchten, die Sonate als eine viertelstündige Sonate charakterisierte? Du würdest zweifelsohne selbst das Prädikat Narr noch zu gut finden, um einen solchen zu bezeichnen. Wie soll man nun diejenigen nennen, die die Vergänglichkeit zu einem Prädikate dieses Lebens machen, die da glauben, sie sagen etwas, sie fällen ein Urteil über das Leben, wenn sie sagen: es ist endlich, zeitlich, vergänglich? Womit man nichts sagt, nichts denkt, nichts bezeichnet, das ist selbst nichts. Wie soll man also diejenigen nennen, die das Nichts zu Etwas und dafür das Etwas, das Wirkliche, den Inhalt des Lebens zu einem Nichts machen? Sie selbst nennen sich Christen, Fromme, Rationalisten, wohl auch Philosophen; du aber nenne sie Toren und bestätige noch mit deinen letzten Atemzügen die Wahrheit dieses Lebens!

Adalbert Stifter
1805–1868

Der große österreichische Erzähler war zunächst als Privatlehrer in Wien tätig, von 1850 bis 1865 war er Schulrat in Linz. Seine zahlreichen Erzählungen erschienen gesammelt in den Bänden »Studien« und »Bunte Steine«. 1857 veröffentlichte er den Bildungsroman »Der Nachsommer«, 1865 den historischen Roman aus dem mittelalterlichen Böhmen »Witiko«. Der nachfolgende Text ist ein Auszug aus einem Brief Stifters vom 12. Juni 1856 an seinen Verleger Heckenast, dem die Frau gestorben war.

Jenseits der Grenze

Wie es sein wird, wenn wir die Grenze dieses Lebens betreten haben, wenn sein letzter Atemzug vorbei ist – wer kann es sagen? Daß alles, was göttlich ist, nicht untergehen kann, ist gewiß: geht doch nicht einmal ein Sandkorn verloren, nicht einmal ein Wassertropfen; wir wissen es und wir sehen es, daß beides nicht Nichts werden könne, sondern daß es nur die Gestalt wechselt, was wir ja auch tun, nur langsamer und nicht so sichtlich, wie es bei einem Wassertropfen der Fall ist, der als Dunst in die flüssige Luft geht. Das Sterben ist wie das Geborenwerden für uns die erste auffällige Veränderung. Bei der Geburt sehen wir plötzlich den neuen Menschen, wir glauben ihn in dem Augenblicke entstanden, weil er für unser Auge da ist; aber der Beginn seiner Entstehung liegt anderswo und ist so unscheinbar und klein, daß ihn kein menschliches Werkzeug der Wissenschaft entdekken kann. Könnte es mit dem Sterben nicht auch so sein? Nur ein Augenblick des Sterbens ist für uns sichtbar, das Aufhören des Atmens. Stirbt der Mensch nicht unausgesetzt jahrelang vor seinem Tode, ja seit seiner Geburt – und lebt er nicht noch nach dem Aufhören des Atmens wer weiß wie lange? Dies gilt sogar von dem allmählichen Übergange des bloßen Stoffes. Was in uns denkt, fühlt, liebt, haßt, Gott anbetet, ins Jenseits übergreift, ist sogar ein ganz und gar Unwandelbares und kann nur mehr nur minder von Einflüssen gehemmt oder gefördert werden. Es ist, wir können sein Nichtsein nicht denken und heißen es in höchster Fülle Gott. Wie dasselbe ohne menschlichen Körper ist, können wir nicht fassen, weil wir nur durch den Körper fassen, wie der, welcher von der Seite eines Berges sieht, nie, solange er sich dort befindet, sehen kann, was hinter dem Rücken des Berges ist; aber was auch sein möge hinter jener Grenze, die unsere Augen schließt: es ist das Beste, Herrlichste und Weiseste, dessen dürfen wir gewiß sein, das lehrt das Stück Leben, welches wir Diesseits nennen, hinreichend; unsere Vernunft kann es nicht anders vorstellen, und Gott wäre nicht Gott, wenn es anders wäre. Diesen Gedanken habe ich, seit ich männlicher geworden bin, diesen Gedanken habe ich sogar nicht bloß für das Jenseits, sondern für alle Vorkommnisse dieser Welt, und er ist der Inhalt meines Gebetes: »Herr, was von dir kömmt, ist gut, ich bete es an, wenn es mich auch schmerzet.« . . . Lassen Sie den oben ausgesprochenen Gedanken, den die Christen Gottergebung nennen, den die Alten Stoa oder wie immer nannten – da ist er, seit das menschliche Geschlecht da ist –, Platz in Ihrem Herzen fassen, lassen Sie seinen Inhalt immer tiefer wirken und klarer werden: dann haben Sie eine Stütze für das ganze Leben, ja für die Ewigkeit, und es gibt nichts, was über Sie hinausragte; denn der Gedanke ruht auf Gott, und über Gott ist nichts . . .

Max Stirner
1806–1856

Der deutsche Philosoph, der eigentlich Kaspar Schmidt hieß, studierte in Berlin Philosophie und Philologie; er bewarb sich vergeblich um eine staatliche Anstellung und wurde schließlich Lehrer an einer Berliner Privatschule. Er starb fast verschollen und in größter Armut. In seinem Hauptwerk »Der Einzige und sein Eigentum« (1845) greift er vor allem den Idealismus an: Religion, Moral und Staat unterdrücken das Individuum und betrügen es um seine »Einzigkeit«. Das einzig Reale ist nach Stirner das Ich. Mit seiner Betonung der Freiheit des Einzelnen wirkte er auf Anarchismus und Existentialismus.

Ich hab' Mein' Sach' auf Nichts gestellt

Was soll nicht alles Meine Sache sein! Vor allem die gute Sache, dann die Sache Gottes, die Sache der Menschheit, der Wahrheit, der Freiheit, der Humanität, der Gerechtigkeit; ferner die Sache Meines Volkes, Meines Fürsten, Meines Vaterlandes; endlich gar die Sache des Geistes und tausend andere Sachen. Nur *Meine* Sache soll niemals Meine Sache sein. »Pfui über den Egoisten, der nur an sich denkt!«

Sehen Wir denn zu, wie diejenigen es mit *ihrer* Sache machen, für deren Sache Wir arbeiten, Uns hingeben und begeistern sollen.

Ihr wißt von Gott viel Gründliches zu verkünden und habt Jahrtausende lang »die Tiefen der Gottheit erforscht« und ihr ins Herz geschaut, so daß Ihr Uns wohl sagen könnt, wie Gott die »Sache Gottes«, der wir zu dienen berufen sind, selber betreibt. Und ihr verhehlt es auch nicht, das Treiben des Herrn. Was ist nun seine Sache? Hat er, wie es *Uns* zugemutet wird, eine fremde Sache, hat er die Sache der Wahrheit, der Liebe zur seinigen gemacht? Euch empört dies Mißverständnis und ihr belehrt uns, daß Gottes Sache allerdings die Sache der Wahrheit und Liebe sei, daß aber diese Sache keine ihm fremde genannt werden könne, weil Gott ja selbst die Wahrheit und Liebe sei; Euch empört die Annahme, daß Gott Uns armen Würmern gleichen könnte, indem er eine fremde Sache als eigene beförderte. »Gott sollte der Sache der Wahrheit sich annehmen, wenn er nicht selbst die Wahrheit wäre«? Er sorgt nur für *seine* Sache, aber weil er alles in allem ist, darum ist auch alles *seine* Sache; Wir aber, Wir sind nicht alles in allem, und unsere Sache ist gar klein und verächtlich; darum müssen wir einer »höheren Sache dienen«. – Nun, es ist klar, Gott bekümmert sich nur ums Seine, beschäftigt sich nur mit sich, denkt nur an sich und hat sich im Auge; wehe allem, was ihm nicht wohlgefällig ist. Er dient keinem Höheren und befriedigt nur sich. Seine Sache ist eine – rein egoistische Sache.

Wie steht es mit der Menschheit, deren Sache Wir zur unsrigen machen sollen? Ist ihre Sache etwa die eines andern und dient die Menschheit einer höheren Sache? Nein, die Menschheit sieht nur auf sich, die Menschheit will nur die Menschheit fördern, die Menschheit ist sich selber ihre Sache. Damit sie sich entwickle, läßt sie Völker und Individuen in ihrem Dienste sich abquälen, und wenn diese geleistet haben, was die Menschheit braucht, dann werden sie von ihr aus Dankbarkeit auf den Mist der Geschichte geworfen. Ist die Sache der Menschheit nicht eine – rein egoistische Sache?

Ich brauche gar nicht an jedem, der seine Sache Uns zuschieben möchte, zu zeigen, daß es ihm nur um sich, nicht um uns, nur um sein Wohl, nicht um das unsere zu thun ist. Seht Euch die übrigen nur an. Begehrt die Wahrheit, die Freiheit, die Humanität, die Gerechtigkeit etwas anderes, als daß Ihr Euch enthusiasmiert und ihnen dient?

Sie stehen sich alle ausnehmend gut dabei, wenn ihnen pflichteifrigst gehuldigt wird. Betrachtet einmal das Volk, das von ergebenen Patrioten geschützt wird. Die Patrioten fallen im blutigen Kampfe oder im Kampfe mit Hunger und Not; was fragt das Volk darnach? Das Volk wird durch den Dünger ihrer Leichen ein »blühendes Volk«! Die Individuen sind »für die große Sache des Volkes« gestorben, und das Volk schickt ihnen einige Worte des Dankes nach und – hat den Profit davon. Das nenn' Ich Mir einen einträglichen Egoismus.

Gott und die Menschheit haben ihre Sache auf Nichts gestellt, auf nichts als auf sich. Stelle Ich denn meine Sache gleichfalls auf *Mich*, der Ich so gut wie Gott das Nichts von allem andern, der Ich mein alles, der Ich der Einzige bin.

Hat Gott, hat die Menschheit, wie ihr versichert, Gehalt genug in sich, um sich alles in allem zu sein: so spüre Ich, daß es *Mir* noch weit weniger daran fehlen wird, und daß Ich über meine »Leerheit« keine Klage zu führen haben werde. Ich bin nicht Nichts im Sinne der Leerheit, sondern das schöpferische Nichts, das Nichts, aus welchem Ich selbst als Schöpfer alles schaffe.

Fort denn mit jener Sache, die nicht ganz und gar Meine Sache ist! Ihr meint, Meine Sache müsse wenigstens die »gute Sache« sein? Was gut, was böse! Ich bin ja selber Meine Sache, und Ich bin weder gut noch böse. Beides hat für Mich keinen Sinn.

Das Göttliche ist Gottes Sache, das Menschliche Sache »des Menschen«. Meine Sache ist weder das Göttliche noch das Menschliche, ist nicht das Wahre, Gute, Rechte, Freie, sondern allein das *Meinige*, und sie ist keine allgemeine, sondern ist – *einzig*, wie Ich einzig bin.

Mir geht nichts über Mich!

Nur Teil haben kann der Einzelne an der Stiftung des Gottesreiches, oder, nach moderner Vorstellung von derselben Sache, an der Entwicklung und Geschichte der Menschheit, und nur soweit er daran Teil hat, kommt ihm ein christlicher oder, nach modernem Ausdruck, menschlicher Wert zu, im übrigen ist er Staub und ein Madensack.

Daß der Einzelne für sich eine Weltgeschichte ist und an der übrigen Weltgeschichte sein Eigentum besitzt, das geht übers Christliche hinaus. Dem Christen ist die Weltgeschichte das Höhere, weil sie die Geschichte Christi oder »des Menschen« ist; dem Egoisten hat nur *seine* Geschichte Wert, weil er sich einwickeln will, nicht die Menschheits-Idee, nicht den Plan Gottes, nicht die Absichten der Vorsehung, nicht die Freiheit u. dergl. Er sieht sich nicht für ein Werkzeug der Idee oder ein Gefäß Gottes an, er erkennt keinen Beruf an, er wähnt nicht, zur Fortentwicklung der Menschheit dazusein und sein Scherflein dazu beitragen zu müssen, sondern er lebt sich aus, unbesorgt darum, wie gut oder schlecht die Menschheit dabei fahre. Ließe es nicht das Mißverständnis zu, als sollte ein Naturzustand gepriesen werden, so könnte man an Lenaus »Drei Zigeuner« erinnern. – Was, bin Ich dazu in der Welt, um Ideen zu realisieren? Um etwa zur Verwirklichung der Idee »Staat« durch mein Bürgertum das Meinige zu thun, oder durch die Ehe, als

Ehegatte und Vater, die Idee der Familie zu einem Dasein zu bringen? Was ficht Mich ein solcher Beruf an! Ich lebe so wenig nach einem Berufe, als die Blume nach einem Berufe wächst und duftet.

Das Ideal »der Mensch« ist *realisiert*; wenn die christliche Anschauung umschlägt in den Satz: »Ich, dieser Einzige, bin der Mensch«. Die Begriffsfrage: »was ist der Mensch?« – hat sich dann in die persönliche umgesetzt: »wer ist der Mensch?« Bei »was« suchte man den Begriff, um ihn zu realisieren; bei »wer« ist's überhaupt keine Frage mehr, sondern die Antwort im Fragenden gleich persönlich vorhanden: die Frage beantwortet sich von selbst.

Man sagt von Gott: »Namen nennen Dich nicht«. Das gilt von Mir: kein *Begriff* drückt Mich aus, nichts, was man als mein Wesen angiebt, erschöpft Mich; es sind nur Namen. Gleichfalls sagt man von Gott, er sei vollkommen und habe keinen Beruf, nach Vollkommenheit zu streben. Auch das gilt allein von Mir.

Eigner bin Ich meiner Gewalt, und Ich bin es dann, wenn Ich Mich als *Einzigen* weiß. Im *Einzigen* kehrt selbst der Eigner in sein schöpferisches Nichts zurück, aus welchem er geboren wird. Jedes höhere Wesen über Mir, sei es Gott, sei es der Mensch, schwächt das Gefühl meiner Einzigkeit und erbleicht erst vor der Sonne dieses Bewußtseins. Stell' Ich auf Mich, den Einzigen, meine Sache, dann steht sie auf dem vergänglichen, dem sterblichen Schöpfer seiner, der sich selbst verzehrt, und Ich darf sagen:

Ich hab' mein' Sach' auf Nichts gestellt.

Friedrich Theodor Vischer
1807–1887

Der streitbare schwäbische Publizist, der mit Eduard Mörike und David Friedrich Strauß befreundet war, lehrte als Professor für Ästhetik in Zürich, Tübingen und Stuttgart. Außerdem war er Abgeordneter der gemäßigten Linken in der Frankfurter Nationalversammlung. 1862 veröffentlichte er die Parodie »Faust – Der Tragödie 3. Teil«. Neben zahlreichen kritischen und ästhetischen Schriften publizierte er 1879 den Roman »Auch Einer. Eine Reisebekanntschaft«, dem der folgende Text entnommen wurde.

Wir sind nur Bilder

Natürlich kein Zweifel, daß unser Planet einmal in Stücke fährt und in die Sonne fliegt oder so etwas. Und unser Sonnensystem geht eben auch einmal in Trümmer. Dem Weltall sehr gleichgültig, denn es entstehen immer neue. Götterdämmerung ist immer. Der Geist steht aus der Verglühung des Zeitlichen nie auf oder nimmer. Es gibt jetzt Wesen, die es erringen, jetzt über der Zeit zu leben, oder es gibt keine. Gibt es jetzt solche, jetzt ist immer, es werden immer solche Jetzt sein, wo zeitliche, empfindende, denkende Wesen sich erheben in das, was nie und nimmer, nirgends und überall ist. Ist es so, so ist es um keinen Untergang schade. Fragt man: was wird aus dem ganzen Schatze von Erfahrung, Wissen, Bildung, den das Geschlecht auf unserem Planeten mit unnennbaren Mühen, in furchtbaren, ungezählte Jahrtausende langen Kämpfen gesammelt hat? Geht er mit dem Planeten verloren oder ist ein Weg denkbar, daß er erhalten, anderswo aufgefaßt, dort weiterentwickelt ein Glied bildete in einer unendlichen Kette geistiger Erwerbungen aller denkbaren menschenähnlichen Wesen auf allen bewohnbaren Weltkörpern? Die Antwort ist leicht: verloren geht er, undenkbar ist solch ein Band, solch ein Weg. Das scheint trostlos. Ist's aber gar nicht. Alle ansteigende Bildungsarbeit aller Geschlechter erreicht ja nie das Ziel. Gibt es kein Vollglück auf jedem Punkte mitten in der ewig ansteigenden Bahn, so gibt es überhaupt keines. Jeder Augenblick der Freude, der wahren Freude, also vor allem der Freude im reinen Schauen, Forschen und im reinen Wirken ist aber doch Sein im Ewigen an sich, greift also aus der Kette heraus, unabhängig von ihren Bedingungen, eins mit sich, frei. Jene Schätze haben ihren Wert in sich selbst gehabt. Was Wert in sich hat, das beglückt, beseligt. Jeder Mensch, der sich in die Welt des in sich Wertvollen erhebt, ist in jeder Minute, in der es geschieht, mitten in der Zeit ewig. Wie viele Menschen, wie lange Zeit Menschen so des Ewigen teilhaftig werden, verändert daran gar nichts. Sind auf anderen Weltkörpern menschenähnliche Wesen, sie mögen sorgen, daß sie ebenso ins Unzeitliche sich erheben.

So ist es auch mit der Frage nach der Unsterblichkeit des einzelnen. Du möchtest der Zeit nach ewig leben, mein lieber Piepmeyer? Aber wenn du auf immer neuen Planeten ewig ein neues Zeitleben lebst, so kommt es in jedem derselben immer nur darauf an, ob du vermagst, ins Zeitlose emporzusteigen. Von der endlosen Zeit, mein Lieber, hast du gar nichts, nicht den geringsten Spaß, sie gähnt dich nur an, ihr gehören ist nicht besser, als ewige Höllenstrafe.

Wir sind nur Bilder; wirklich, buchstäblich nur Bilder. Wir werden da in jedem Moment erst gewoben, gemalt und auch wieder aufgetrennt, ausgewischt. Was jeden Augenblick erst wird, ist doch kein wahrhaft Seiendes. Wir stehen ja nicht fest, wir schweben ja nur wie ein Traumbild. Wir scheinen so solid wie Bein und Eisen, und sind doch so porös, nur wandelnde Auflösung und Wiederknüpfung.

Das braucht aber niemand bange zu machen. Sorge du nur dafür, daß du Bild wirst in einem zweiten und besseren Sinn. Laß dich nicht bloß von der Natur hingepinselt, hingestickt sein! Sorge dafür, daß du Bild wirst, aufbewahrt im Geiste der Menschen. Sein ist Schein. Das wahre Sein verdient man sich durch Nicht-mehr-Sein – wer nämlich gut vorgearbeitet hat. Das kann auch der Geringste machen, daß ein gutes Bild von ihm in den Seinigen fortlebt. Der große Mann freilich hat als die Seinigen ein ganzes Volk, ganze Völker. Aber man braucht kein großer Mann zu sein; das kleinste Scherflein zum Kapital der Menschheit wuchert fort und fort. Das Brot, das ich heute esse, das Kleid, das mich wärmt, die Gerechtigkeit, die mich schützt im Verein mit Vielen: vor tausend und tausend Jahren haben schon gute Menschen daran gearbeitet. Kannst du's so machen, daß du auch deinen Namen ins Gedenkbuch der Menschheit einschreibst: gut, aber nicht notwendig; mag dein Gedächtnis nach wenigen oder mehreren oder vielen Generationen erlöschen, geht der Planet auch unter und mit ihm das Gedächtnis der Größten, die unsterblich heißen: Wert und Zeit sind ja zweierlei; in dem Wissen, es wert zu sein, daß man deiner gedenke, bist du ewig, bist wahres, unvergängliches Bild.

Charles Darwin
1809–1882

Der englische Naturforscher gewann seine wesentlichsten Einsichten, die ihn zur Entwicklung der Evolutionstheorie führten, während einer Weltreise in den Jahren 1831 bis 1836. Sein Hauptwerk »Die Entstehung der Arten durch natürliche Zuchtwahl« publizierte er jedoch erst 1859. Bereits vier Jahre später erschien eine deutsche Übersetzung, deren Schlußabschnitte hier zitiert werden. Darwin hat sich immer dagegen gewehrt, als Atheist bezeichnet zu werden; ohne sich ausdrücklich einer Konfession zu verschreiben, konnte er durchaus von einem Schöpfer sprechen.

Die Gesetze der Schöpfung

Meiner Meinung nach stimmt es besser mit den, so weit wir es wissen, der Materie vom Schöpfer eingeprägten Gesetzen überein, daß das Hervorbringen und Erlöschen der früheren und jetzigen Bewohner der Erde, ebenso wie die Bestimmungen über Geburt und Tod eines Individuums, von sekundären Ursachen abhängig seien. Betrachte ich alle Wesen nicht als Sonderschöpfungen, sondern als lineare Abkömmlinge einiger weniger Wesen, die schon lange, bevor die erste cambrische Schicht abgelagert war, lebten, so scheinen sie mir dadurch veredelt zu sein. Nach der Vergangenheit zu urteilen, können wir mit Sicherheit annehmen, daß nicht eine einzige lebende Art ihr Abbild in eine ferne Zukunft übertragen wird. Und von den jetzt lebenden Arten werden nur sehr wenige irgend welche Nachkommen einer fernen Zukunft überliefern; denn die Gruppierungsweise aller organischen Wesen zeigt, daß die Mehrzahl der Arten jeder Sippe, oft sogar alle Arten einer Sippe keine Nachkommen hinterlassen haben, sondern völlig erloschen sind. Wir vermögen insofern einen prophetischen Blick in die Zukunft zu werfen, als wir voraussagen können, daß es die allgemeinsten und weitverbreitetsten der größten und dominierenden Gruppen jeder Klasse sein werden, die schließlich vorherrschen und neue, dominierende Arten hervorbringen werden. Da alle lebenden Formen die linearen Abkömmlinge derer sind, die lange vor der cambrischen Epoche gelebt haben, so dürfen wir uns für vergewissert halten, daß die regelmäßige Sukzession der Geschlechter niemals unterbrochen war, daß keine Sintflut die ganze Erde verwüstet hat. Wir dürfen daher vertrauensvoll einer Zukunft von großer Länge entgegensehen. Und da die natürliche Zuchtwahl nur durch und für das Gute jedes Wesens wirkt, so werden alle körperlichen und geistigen Begabungen der Vollkommenheit zustreben.

Es ist interessant beim Anblick eines Fleckchens Boden, das mit vielen verschiedenartigen Pflanzen bedeckt ist, wo Vögel in den Büschen singen, zahlreiche Insekten durch die Luft schwirren und Würmer auf dem feuchten Boden kriechen – es ist interessant dabei zu bedenken, daß alle diese so merkwürdig gebildeten Formen, welche so verschieden voneinander und doch in so komplizierter Weise voneinander abhängig sind, durch Gesetze hervorgebracht wurden, die noch rund um uns wirksam sind. Diese Gesetze im weitesten Sinne genommen sind: Wachstum nebst Fortpflanzung; Erblichkeit, die fast in der Fortpflanzung enthalten ist; Variabilität zufolge indirekter und direkter Wirkungen der Lebensbedingungen, und Gebrauch und Nichtgebrauch; ein so hohes Vermehrungsmaß, daß es zum Kampf ums Dasein führt, und infolgedessen zur natürlichen Zuchtwahl die Divergenz des Charakters und Erlöschen der minder verbesserten Formen enthält. Aus dem Kampf der

Natur, aus Hunger und Tod geht daher das Höchste, was wir zu erfassen vermögen, die Produktion der höheren Tiere, direkt hervor. Es liegt etwas Großartiges in dieser Ansicht vom Leben, wonach es mit allen seinen verschiedenen Kräften von dem Schöpfer aus wenig Formen, oder vielleicht nur einer, ursprünglich erschaffen wurde; und daß, während dieser Planet gemäß den bestimmten Gesetzen der Schwerkraft im Kreise sich bewegt, aus einem so schlichten Anfang eine endlose Zahl der schönsten und wundervollsten Formen entwickelt wurden und noch entwickelt werden.

Sören Kierkegaard
1813–1855

Der dänische Religionsphilosoph, der zwar Theologie studierte, aber nie Pfarrer wurde, sondern als freier Schriftsteller in Kopenhagen lebte, kämpfte in seinen zahlreichen Schriften gegen den philosophischen Idealismus und das offizielle Christentum seiner Zeit. Ihm ging es um ein unbedingtes Christentum als Wagnis des Glaubens. Im zwanzigsten Jahrhundert hatten seine Werke – u. a. »Entweder – Oder« (1843), »Der Begriff Angst« (1844), »Krankheit zum Tode« (1849) – auf die dialektische Theologie und die Existenzphilosophie großen Einfluß.

Im Angesicht der Ewigkeit

Hör den Schrei der Gebärenden in der Geburtsstunde, sieh des Sterbenden Kampf im letzten Augenblick: und sag dann, ob, was so beginnt und was so endet, darauf angelegt sein kann, Genuß zu sein.

Wohl wahr, wir Menschen tun alles, um so hurtig wie möglich wegzukommen von diesen zwei Punkten, wir hasten, so rasch wie möglich den Geburtsschrei zu vergessen und ihn in die Lust zu verwandeln, einem Wesen das Leben gegeben zu haben. Und wenn einer tot ist, heißt es stracks: mild und sanft entschlief er, der Tod ist ein Schlaf, ein stiller Schlaf – was alles wir sagen nicht um des Verstorbenen willen, denn ihm kann unsere Rede ja nicht helfen, sondern um unserer selbst willen, um nicht etwas von der Lebenslust zu verlieren, sondern um alles dazu zu verwandeln, daß es der Mehrung der Lebenslust diene in dem Zwischenraum zwischen dem Geburtsschrei und dem Todesschrei, zwischen dem Schrei der Mutter und des Kindes Wiederholung desselben, wenn das Kind einmal stirbt. Gesetzt, es wäre irgendwo ein ungeheurer prachtvoller Saal, wo alles getan würde, um eitel Freude und Herrlichkeit hervorzubringen – aber der Aufgang zu diesem Saal wäre eine ekle verschmutzte Hühnertreppe, und es wäre unmöglich hinaufzukommen, ohne mit Ekel sich zu besudeln, und das

Entree würde bezahlt mit der Selbstprostitution, und wenn der Tag graute, so wäre die Lust vorbei, und es endete damit, daß man wieder mit einem Fußtritt hinausgeworfen würde – aber die Nacht hindurch würde alles getan, um die Lust und die Freude zu halten und zu entflammen!

Was ist der Sinn? Doch wohl, zu bedenken die beiden Fragen: wie bin ich gekommen in dies und das: wie komme ich da wieder heraus, wie endet es? Was ist Gedankenlosigkeit? Alles aufzutreiben, um dieses vom Ein- und Ausgang zu ertränken in Vergessenheit, alles aufzutreiben, um den Eingang und den Ausgang zwischen dem Schrei der Gebärenden und der Wiederholung des Schreies umzuerklären oder wegzuerklären, wenn der Geborene im Todeskampf ausatmet.

... Das Bedingte ist nämlich, innerhalb der Zeitlichkeit eine Zeit auszusondern als Lohn für die Arbeit; das Unbedingte ist, einzig die Ewigkeit zu wählen. Aber das mit der Ewigkeit steht nicht so ganz fest für den sinnlichen, den natürlichen Menschen, selbst für den wackersten nicht, darum ist das Unbedingte ihm ein Ärgernis. Der Gläubige sieht das ganze Leben so an, wie der natürliche Mensch bestimmte Jahre seines Lebens ansieht. Der natürliche Mensch findet sich darein, bestimmte Jahre zu leiden – um dann den Lohn zu ernten. Der Gläubige setzt das ganze Leben in der Zeit daran. Aber dem Unbedingten gegenüber kommt der Verstand zum Stehen. Der Widerspruch ist: von einem Menschen verlangen, daß der die stärksten nur möglichen Aufopferungen mache, sein ganzes

Leben zum Opfer weihe – und warum? Ja, da ist kein Warum; so ist es ja Tollheit, spricht der Verstand. Da ist kein Warum, denn das ist ein unendliches Warum. Aber überall, wo der Verstand so zum Stehen kommt, ist die Möglichkeit des Ärgernisses. Soll man sieghaft hindurchdringen, so muß der Glaube herzu; denn der Glaube ist ein neues Leben. Ohne den Glauben bleibt man stecken im Ärgernis – und wird dann vielleicht etwas sehr Großes in der Welt, macht ein ungewöhnliches Glück, wird von den mit einem Gleichzeitigen geehrt und gepriesen als der größte Mann der Zeit – das ist schon möglich. Denn laß uns daran denken, daß die Dialektik des Ärgernisses von rückwärts kommt. Würde Geärgertsein bedeuten, daß es einem böse in der Welt ginge, so ist der Begriff ja aufgehoben, so ist ja nichts da, daran sich zu ärgern; die Möglichkeit des Ärgernisses liegt ja eben darin, daß es der Gläubige ist, in dem die Welt einen Verbrecher sieht.

Die Möglichkeit des Ärgernisses richtet sich übrigens, wie leicht zu sehen ist, wider die Geringheit: daß das unendlich Erhabene, für das Unbedingte zu leben, daß es sich darin ausdrückt, in der Welt zum Ausschuß zu gehören, ein Gegenstand der Verachtung und des Spotts, von dem Mitleid bedauert, obwohl dies auch wieder eine Art gerechter Strafe darin erblickt, daß ein Mann solcher Art hingerichtet wird gleich einem Verbrecher.

O, diese sieghafte Freude des Glaubens! Indes, vermag denn die Rede gar nichts zu tun, weil sie dir den Glauben nicht geben kann, weil sie dem Glauben gegenüber nicht das Höhere ist sondern das

Geringere? O doch, sie vermag dir zu sagen, wie selig es ist zu glauben. Denn wenn man glaubt, gewinnt man alles; alles gewinnen heißt eben glauben, glauben daß man alles gewinnt, und wenn man alles gewinnt, so verliert man ja schlechthin nichts. Es gibt im Hinblick auf die verschiedenen Verluste im Leben wohl eine Versicherungsanstalt, welche Schadenersatz leistet; doch welch eine Sicherheit wider alle Verluste, daß man mit ihnen allen nichts verliert – es ist ja so wie wenn man dadurch gegen den Tod versichert ist, daß man ein Verstorbener ist! Falls der begehrende Jüngling alles gewönne, welche Sicherheit hat er dagegen, daß er es verlieren kann: doch welch eine Sicherheit alles zu gewinnen, wenn man dadurch, daß man alles verloren, es gewonnen hat – und doch schlechthin nichts verloren hat!

Henry D. Thoreau
1817–1862

Der nordamerikanische Schriftsteller verbindet in seinem Werk Mystik, Naturphilosophie und Transzendentalismus. Bekannt wurde er mit seiner Schrift »Über die Pflicht zum Ungehorsam gegen den Staat«. In zweijähriger Zurückgezogenheit in einer Holzhütte an einem Waldsee entstand sein berühmtestes Buch »Walden oder Leben in den Wäldern« (1854), das ein Kapitel enthält »Wo und wozu ich lebte«, dem die folgenden Auszüge entnommen sind.

Zum einfachen Leben erwachen

Der Mensch, der nicht glaubt, daß jeder Tag eine frühere, heiligere und heller vom Morgenrot durchglühte Stunde mit sich bringt, als all diejenigen, welche er bereits entweihte, hat am Leben verzweifelt. Er wandelt auf abschüssigen, dunklen Pfaden. Nach einem zeitweiligen Stillstand des Sinnenlebens fühlt sich die Seele des Menschen (oder vielmehr fühlen sich die Organe der Seele) täglich neu gestärkt und des Menschen Genius versucht aufs neue das Leben so edel wie möglich zu gestalten. Alle großen Ereignisse, so möchte ich behaupten, werden in der Morgenstunde, im Morgenlicht gezeitigt.

Für den, dessen elastische, kraftvolle Gedanken mit der Sonne gleichen Schritt halten, ist der Tag ein ununterbrochener Morgen. Was die Uhren oder die Menschen durch ihr Tun und Treiben sagen, ist ganz nebensächlich. Der Morgen ist da, wenn ich erwacht bin, wenn ich einen Sonnenaufgang in mir spüre. Das Streben, den Schlaf abzuschütteln, nenne ich Umwertung der Moral. Warum geben denn die Menschen einen so stümperhaften Bericht über ihren Tag? Doch nur weil sie schliefen. Sie sind durchaus keine schlechten Rechenmeister. Wenn die Schläfrigkeit sie nicht überwältigt hätte, sie würden etwas getan haben. Für körperliche Arbeit sind Millionen wach genug. Aber nur ein einziger unter dieser Million ist wach genug zu wirksamen, geistigen Leistungen, nur ein einziger unter hundert Millionen zu einem poetischen, göttlichen Leben. Erwacht sein, heißt leben! Ich habe noch nie einen völlig erwachten Menschen gesehen. Wie hätte ich ihm ins Antlitz schauen können!

Wir müssen lernen wieder wach zu werden und uns wach zu erhalten, nicht durch mechanische Hilfsmittel, sondern durch das unendliche Erwarten des Sonnenaufgangs. Das darf uns selbst im tiefsten Schlummer nicht verlassen. Ich kenne keine ermutigendere Tatsache als die unbestreitbare Fähigkeit des Menschen, sein Leben durch bewußte Anstrengungen auf eine höhere Stufe zu erheben. Es will schon etwas heißen, wenn man ein eigenartiges Bild malen, eine Statue meißeln, einigen wenigen Dingen Schönheit verleihen kann. Doch weitaus ruhmvoller wäre es die Atmosphäre, das Medium selbst, durch welches wir hindurchsehen, zu meißeln und zu malen. Moralisch sind wir dazu imstande. Auf die Beschaffenheit des Tages einzuwirken, das ist die höchste Kunst. Jedermann hat die Verpflichtung sein Leben auch in Einzelheiten so zu gestalten, daß es selbst in seiner feierlichsten und kritischsten Stunde als der Betrachtung würdig sich erweist.

Ich zog in die Wälder, weil ich den Wunsch hatte mit Überlegung zu leben, »alle Wirkenskraft und Samen« zu schau'n, zu ergründen, ob ich nicht lernen konnte was ich lehren sollte, um beim Sterben vor der Entdeckung bewahrt zu bleiben, daß ich nicht gelebt habe. Ich wollte nicht *das* leben, was kein Leben war; das Leben ist so kostbar. Auch wollte ich keine Entsagung üben, höchstens im Notfall. Ich wollte tief leben, alles Mark des Lebens aussaugen, so herzhaft und spartanisch leben, daß alles, was nicht Leben war, aufs Haupt geschlagen würde. Ich wollte mit großen Zügen knapp am Boden mähen, das Leben in die Enge treiben und es auf die einfachste Formel bringen. Und sollte es sich gemein erweisen, nun dann wollte ich seine ganze, unverfälschte Gemeinheit auskosten, um sie der Welt zu künden. War es jedoch rein, so wollte ich dies aus eigner Anschauung erkennen und imstande sein, bei meinem nächsten Ausflug ehrlich Rechenschaft darüber abzulegen. Die meisten Menschen sind nämlich, meines Erachtens, darüber mit sich im Unklaren, ob das Leben vom Teufel oder von Gott stammt, und so haben sie, »halbwegs übereilt« geschlossen, daß der Hauptzweck des Menschen auf Erden sei »Gottes Lob und Preis zu singen in alle Ewigkeit.«

Wenn die Menschen nur getreulich die Wirklichkeit beachten und sich nicht täuschen lassen wollten, so würde ihnen das Leben (um es mit etwas, was wir kennen, zu vergleichen) wie ein Zaubermärchen, wie ein Märchen aus »Tausend und eine Nacht« vorkommen. Wenn wir nur auf *das* unser Augenmerk richteten, was unvermeidlich ist und Existenzberechtigung besitzt, so würden die Straßen von Musik und Poesie widerhallen. Wenn wir ohne Übereilung und weise sind, so erkennen wir, daß nur große und würdige Dinge ewig und absolut sind – daß winzige Sorgen und winzige Freuden nur Schatten der Wirklichkeit darstellen. Und dieser Gedanke stimmt froh und stolz. Weil die Menschen ihre Augen schließen und schlafen und sich durch Phantome betrügen lassen, wollen sie überall ihr Leben schematisch – auf rein illusorischer Basis – errichten. Kinder, die Leben *spielen*, begreifen seine wahren Gesetze und Beziehungen klarer als Erwachsene, die es nicht würdig verbringen können, die sich aber wegen ihrer Erfahrungen, d. h. wegen der erlittenen Enttäuschungen für weiser halten.

Die Menschen glauben, die Wahrheit ist in weiter Ferne, an den Grenzen der Welt hinter dem letzten Stern, vor Adam und nach dem letzten Menschen. Allerdings, in der Ewigkeit liegt etwas Erhabenes und Wahres. Aber all diese Zeiten und Orte und Gelegenheiten sind jetzt und hier. Gott steht in diesem Augenblick im Zenith, und wird in der Flucht aller Äonen nicht göttlicher sein. Wir können nur dann Erhabenes und Edles begreifen, wenn wir ohne Unterlaß die uns umgebende Wirklichkeit mit allen Fasern aufsaugen. Der Kosmos entspricht immer und gehorsam unsern Vorstellungen. Ob wir langsam oder schnell reisen – der Weg ist uns vorgezeichnet. Das Leben verbringen und das Leben begreifen sei Eines nur.

Wenn es wirklich zum Sterben geht, so laßt uns das Röcheln in unsrer Kehle hören, laßt uns die Kälte in unsern Gliedern fühlen. Wenn wir aber leben, so wollen wir unsre Pflicht tun.

Die Zeit ist nur ein Strom, in dem ich fische. Ich trinke aus ihm, doch während ich trinke, sehe ich den sandigen Grund und entdecke, wie flach der Strom ist. Seine schwachen Wellen fließen dahin, doch die Ewigkeit bleibt. Ich will einen tiefen Trunk tun. Ich will im Himmel fischen, dort liegen Sterne als Kiesel am Grund.

Karl Marx
1818–1883

Der Begründer des »wissenschaftlichen Sozialismus«, dessen Hauptwerk »Das Kapital« unvollendet blieb, veröffentlichte vier Jahre vor dem zusammen mit Friedrich Engels verfaßten »Manifest der Kommunistischen Partei« im Jahre 1844 das Werk »Zur Kritik der Hegelschen Rechtsphilosophie«, in dem er an die Religionskritik von Ludwig Feuerbach anknüpft. Aus der Einleitung zu diesem Werk sind die folgenden Passagen entnommen.

Religion als Seufzer der bedrängten Kreatur

Der Mensch, der in der phantastischen Wirklichkeit des Himmels, wo er einen Übermenschen suchte, nur den *Widerschein* seiner selbst gefunden hat, wird nicht mehr geneigt sein, nur den *Schein* seiner selbst, nur den Unmenschen zu finden, wo er seine wahre Wirlichkeit sucht und suchen muß.

Das Fundament der irreligiösen Kritik ist: *Der Mensch macht die Religion*, die Religion macht nicht den Menschen. Und zwar ist die Religion das Selbstbewußtsein und das Selbstgefühl des Menschen, der sich selbst entweder noch nicht erworben oder schon wieder verloren hat. Aber *der Mensch*, das ist kein abstraktes, außer der Welt hockendes Wesen. Der Mensch, das ist *die Welt des Menschen*, Staat, Sozietät. Dieser Staat, diese Sozietät produzieren die Religion, ein *verkehrtes Weltbewußtsein*, weil sie eine *verkehrte Welt* sind. Die Religion ist die allgemeine Theorie dieser Welt, ihr enzyklopädisches Kompendium, ihre Logik in populärer Form, ihr spiritualistischer Point d'honneur, ihr Enthusiasmus, ihre moralische Sanktion, ihre feierliche Ergänzung, ihr allgemeiner Trost- und Rechtfertigungsgrund. Sie ist die *phantastische Verwirklichung* des menschlichen Wesens, weil das *menschliche Wesen* keine wahre Wirklichkeit besitzt. Der Kampf gegen die Religion ist also mittelbar der Kampf gegen *jene Welt*, deren geistiges *Aroma* die Religion ist.

Das *religiöse* Elend ist in einem der *Ausdruck* des wirklichen Elendes und in einem die *Protestation* gegen das wirkliche Elend. Die Religion ist der Seufzer der bedrängten Kreatur, das Gemüt einer herzlosen Welt, wo sie der Geist geistloser Zustände ist. Sie ist das *Opium* des Volks.

Die Aufhebung der Religion als des *illusorischen* Glücks des Volkes ist die Forderung seines *wirklichen* Glücks. Die Forderung, die Illusionen über seinen Zustand aufzugeben, ist die *Forderung, einen Zustand aufzugeben, der der Illusionen bedarf.* Die Kritik der Religion ist also im *Keim* die *Kritik des Jammertales, dessen Heiligenschein* die Religion ist.

Die Kritik hat die imaginären Blumen an der Kette zerpflückt, nicht damit der Mensch die phantasielose, trostlose Kette trage, sondern damit er die Kette abwerfe und die lebendige Blume breche. Die Kritik der Religion enttäuscht den Menschen, damit er denke, handle, seine Wirklichkeit gestalte wie ein enttäuschter, zu Verstand gekommener Mensch, damit er sich um sich selbst und damit um seine wirkliche Sonne bewege. Die Religion ist nur die illusorische Sonne, die sich um den Menschen bewegt, solange er sich nicht um sich selbst bewegt.

Es ist also die *Aufgabe der Geschichte*, nachdem das *Jenseits der Wahrheit* verschwunden ist, die *Wahrheit des Diesseits* zu etablieren. Es ist zunächst die *Aufgabe der Philosophie*, die im Dienste der Geschichte steht, nachdem die *Heiligengestalt* der menschlichen Selbstentfremdung entlarvt ist, die Selbstentfremdung in ihren *unheiligen Gestalten* zu entlarven. Die Kritik des Himmels verwandelt sich damit in die Kritik der Erde, die *Kritik der Religion* in die *Kritik des Rechts*, die *Kritik der Theologie* in die *Kritik der Politik*.

Die Waffe der Kritik kann allerdings die Kritik der Waffen nicht ersetzen, die materielle Gewalt muß gestürzt werden durch materielle Gewalt, allein auch die Theorie wird zur materiellen Gewalt, sobald sie die Massen ergreift. Die Theorie ist fähig, die Massen zu ergreifen, sobald sie *ad hominem* demonstriert, und sie demonstriert *ad hominem*, sobald sie radikal wird. Radikal sein ist die Sache an der Wurzel fassen. Die Wurzel für den Menschen ist aber der Mensch selbst. Der evidente Beweis für den Radikalismus der deutschen Theorie, also für ihre praktische Energie, ist ihr Ausgang von der entschiedenen *positiven* Aufhebung der Religion. Die Kritik der Religion endet mit der Lehre, daß der *Mensch das höchste Wesen für den Menschen* sei, also mit dem *kategorischen Imperativ, alle Verhältnisse umzuwerfen*, in denen der Mensch ein erniedrigtes, ein geknechtetes, ein verlassenes, ein verächtliches Wesen ist, Verhältnisse, die man nicht besser schildern kann als durch den Ausruf eines Franzosen bei einer projektierten Hundesteuer: Arme Hunde! Man will euch wie Menschen behandeln!

Leo Tolstoi
1828–1910

Der russische Dichter ist vor allem durch seine Romane »Krieg und Frieden«, »Anna Karenina« und »Auferstehung« in der ganzen Welt bekannt geworden. 1879 gerät er in eine Lebenskrise: Die Wahrheit der Kunst genügt ihm nicht mehr, er sucht nach einer Wahrheit, die vor Gott bestehen kann. Das entfremdet ihn sowohl seiner Kirche, die ihn 1901 ausschließt, als auch seiner Familie, vor der er schließlich flieht und dabei auf einer kleinen Bahnstation den Tod findet. Den folgenden Text hat er im Jahre 1902 niedergeschrieben.

Vom Urquell allen Seins

Gibt es denn eine wahre Religion? Alle Religionen sind doch unendlich verschieden, und wir haben nicht das Recht, eine derselben nur deshalb als die richtige zu bezeichnen, weil sie unserm Geschmack besser entspricht...« Das mögen wohl die Menschen sagen, welche die Religion nur nach ihren äußeren Formen beurteilen, so etwa wie eine bestimmte Krankheit, von der sie zwar selbst frei sind, an welcher aber noch die übrigen Menschen leiden. Das ist jedoch nicht wahr: Die Religionen sind allerdings nach ihren äußeren Formen verschieden, aber in ihren wesentlichen Grundlagen sind sie alle gleich. Und eben diese Grundlagen aller Religionen bilden gerade jene wahre Religion, die allein auch in unserer Zeit allen Menschen angeboren ist und deren Aneignung allein die Menschen aus ihrem Elend zu retten vermag.

Die Satzungen dieser wahren Religion sind dem Menschen so tief eingeboren, daß sie von jedem, sobald sie ihm nur vermittelt werden, wie etwas längst Bekanntes und geradezu Selbstverständliches angenommen werden. Für uns ist diese wahre Religion das Christentum, und zwar in denjenigen seiner Satzungen, in welchen es nicht mit den äußeren Formen, wohl aber mit den Grundsätzen des Brahmanismus und der Lehre Konfuzius' des Taoismus, des Judentums, des Buddhismus und auch der Mohammedaner übereinstimmt. Ebenso wird auch für die Bekenner des Brahmanismus, der Lehre des Konfuzius und der anderen Bekenntnisse die wahre Religion diejenige sein, deren Grundsätze mit den Grundsätzen aller andern großen Religionen übereinstimmen. Und diese Grundsätze sind ganz einfach, allgemein verständlich und unkompliziert.

Diese Satzungen bestehen nämlich darin, daß es einen Gott gibt, der der Urquell alles Lebens ist; daß im Menschen ein Teilchen dieses göttlichen Urquells lebt, das er durch seine Lebensführung durch sein Leben in sich selbst verringern oder vergrößern kann; daß zur Vergrößerung dieses göttlichen Anteiles der Mensch seine Leidenschaften unterdrücken und die Liebe in sich vergrößern muß: und daß das Mittel, um dies zu erreichen, darin besteht, mit andern so zu verfahren, wie du willst, daß man mit dir verfahre.

Religion ist die Erklärung der Beziehung des Menschen zum Urquell alles Seins, die daraus entspringende Bestimmung des Menschen und die aus dieser Bestimmung abzuleitende Richtschnur für das menschliche Leben. Die allgemeine Religion aber, deren Satzungen in allen Konfessionen ein und dieselben sind, entspricht diesen Forderungen in vollem Maß. Sie erklärt die Beziehung des Menschen zu Gott als die Beziehung eines Teiles zu dem

Ganzen; aus dieser Beziehung aber ergibt sich auch die Bestimmung des Menschen, die darin besteht, daß der Mensch nach der Vermehrung der göttlichen Eigenschaften in sich selbst strebt; aus der Bestimmung des Menschen aber ergibt sich die praktische Lebensregel: Tue den andern, wie du willst, daß man dir selber tue.

Friedrich Nietzsche
1844–1900

Der deutsche Philosoph und Dichter wurde schon in jungen Jahren Professor für klassische Philologie in Basel (1869 bis 1879). Wegen einer fortschreitenden Nervenkrankheit lebte er später in verschiedenen Orten der Schweiz und Italiens, 1878 bricht er mit der idealistischen und christlichen Tradition zugunsten seiner Philosophie des Nihilismus. 1898 erfolgt in Turin sein völliger geistiger Zusammenbruch. Das Werk »Jenseits von Gut und Böse«, dem die folgenden Texte entnommen wurden, erschien erstmals 1886. Der letzte Abschnitt »Ich verurteile das Christentum« entstammt dem Buch »Der Antichrist«, das Nietzsche 1888 verfaßte.

Anklage gegen das Christentum

Der Glaube, wie ihn das erste Christentum verlangt und nicht selten erreicht hat, inmitten einer skeptischen und südlich-freigeisterischen Welt, die einen jahrhundertelangen Kampf von Philosophenschulen hinter sich und in sich hatte, hinzugerechnet die Erziehung zur Toleranz, welche das *imperium Romanum* gab – dieser Glaube ist *nicht* jener treuherzige und bärbeißige Untertanen-Glaube, mit dem etwa ein Luther oder ein Cromwell oder sonst ein nordischer Barbar des Geistes an ihrem Gotte und Christentum gehangen haben; viel eher schon jener Glaube Pascals, der auf schreckliche Weise einem dauernden Selbstmorde der Vernunft ähnlich sieht – einer zähen langlebigen wurmhaften Vernunft, die nicht mit einem Male und einem Streiche totzumachen ist. Der christliche Glaube ist von Anbeginn Opferung: Opferung aller Freiheit, alles Stolzes, aller Selbstgewißheit des Geistes zugleich Verknechtung und Selbst-Verhöhnung, Selbst-Verstümmelung. Es ist Grausamkeit und religiöser Phönizismus in diesem Glauben, der einem mürben, vielfachen und vielverwöhnten Gewissen zugemutet wird: seine Voraussetzung ist, daß die Unterwerfung des Geistes unbeschreiblich *wehetut*, daß die ganze Vergangenheit und Gewohnheit eines solchen Geistes sich gegen das *absurdissimum* wehrt, als welches ihm der »Glaube« entgegentritt. Die modernen Menschen, mit ihrer Abstumpfung gegen alle christliche Nomenklatur, fühlen das Schauerlich-Superlativische nicht mehr nach, das für einen antiken Geschmack in der Paradoxie der Formel »Gott am Kreuze« lag. Es hat bisher noch niemals und nirgendswo eine gleiche Kühnheit im Umkehren, etwas gleich Furchtbares, Fragendes und Fragwürdiges gegeben wie diese Formel: sie verhieße eine Umwertung aller antiken Werte. – Es ist der Orient, der *tiefe* Orient, es ist der orientalische Sklave, der auf diese Weise an Rom und seiner vornehmen und frivolen Toleranz, am römischen »Katholizismus« des Glaubens Rache nahm – und immer war es nicht der Glaube, sondern die Freiheit vom Glauben, jene halb stoische und lächelnde Unbekümmertheit um den Ernst des Glaubens, was die Sklaven an ihren Herrn, gegen ihre Herrn empört hat. Die »Aufklärung« empört: der Sklave nämlich will Unbedingtes, er versteht nur das Tyrannische, auch in der Moral, er liebt wie er haßt, ohne Nuance bis in die Tiefe, bis zum Schmerz, bis zur Krankheit, – sein vieles *verborgenes* Leiden empört sich gegen den vornehmen Geschmack, der das Leiden zu *leugnen* scheint. Die Skepsis gegen das Leiden, im Grunde nur eine Attitude der aristokratischen Moral, ist nicht am wenigsten auch an der Entstehung des letzten großen Sklaven-Aufstandes beteiligt, welcher mit der französischen Revolution begonnen hat.

Bisher haben sich die mächtigsten Menschen immer noch verehrend vor dem Heiligen gebeugt, als dem Rätsel der Selbstbezwingung und absichtlichen letzten Entbehrung: warum beugten sie sich? Sie ahnten in ihm – und gleichsam hinter dem Fragezeichen seines gebrechlichen und kläglichen Anscheins – die überlegne Kraft, welche sich an einer solchen Bezwingung erproben wollte, die Stärke des Willens, in der sie die eigne Stärke und herrschaftliche Lust wiedererkannten und zu ehren wußten: sie ehrten etwas an sich, wenn sie den Heiligen ehrten. Es kam hinzu, daß der Anblick des Heiligen ihnen einen Argwohn eingab: ein solches Ungeheures von Verneinung, von Wider-Natur wird nicht umsonst begehrt worden sein, so sagten und fragten sie sich. Es gibt vielleicht einen Grund dazu, eine ganz große Gefahr, über welche der Asket, dank seinen geheimen Zusprechern und Besuchern, näher unterrichtet sein möchte? Genug, die Mächtigen der Welt lernten vor ihm eine neue Furcht, sie ahnten eine neue Macht, einen fremden, noch unbezwungenen Feind – der »Wille zur Macht« war es, der sie nötigte, vor dem Heiligen stehnzubleiben. Sie mußten ihn fragen – –

Im jüdischen »Alten Testament«, dem Buche von der göttlichen Gerechtigkeit, gibt es Menschen, Dinge und Reden in einem so großen Stile, daß das griechische und indische Schrifttum ihm nichts zur Seite zu stellen hat. Man steht mit Schrecken und Ehrfurcht vor diesen ungeheuren Überbleibseln dessen, was der Mensch einstmals war, und wird dabei über das alte Asien und sein vorgeschobenes Halbinselchen Europa, das durchaus gegen Asien den »Fortschritt des Menschen« bedeuten möchte, seine traurigen Gedanken haben. Freilich: wer selbst nur ein dünnes zahmes Haustier ist und nur Haustier-Bedürfnisse kennt (gleich unsern Gebildeten von heute, die Christen des »gebildeten« Christentums hinzugenommen –), der hat unter jenen Ruinen weder sich zu verwundern, noch gar sich zu betrüben – der Geschmack am Alten Testament ist ein Prüfstein in Hinsicht auf »groß« und »klein« –: vielleicht, daß er das Neue Testament, das Buch von der Gnade, immer noch eher nach seinem Herzen findet (in ihm ist viel von dem rechten zärtlichen dumpfen Betbrüder- und Kleinen-Seelen-Geruch). Dieses Neue Testament, eine Art Rokoko des Geschmacks in jedem Betrachte, mit dem Alten Testament zu *einem* Buche zusammengeleimt zu haben, als »Bibel«, als »das Buch an sich«: das ist vielleicht die größte Verwegenheit und »Sünde wider den Geist«, welche das literarische Europa auf dem Gewissen hat.

Warum heute Atheismus? – »Der Vater« in Gott ist gründlich widerlegt; ebenso »der Richter«, »der Belohner«. Insgleichen sein »freier Wille«: er hört nicht – und wenn er hörte, wüßte er trotzdem nicht zu helfen. Das Schlimmste ist: er scheint unfähig, sich deutlich mitzuteilen: ist er unklar? – Dies ist es, was ich, als Ursachen für den Niedergang des euroäischen Theismus, aus vielerlei Gesprächen, fragend, hinhorchend, ausfindig gemacht habe; es scheint mit, daß zwar der religiöse Instinkt mächtig im Wachsen ist – daß er aber gerade die theistische Befriedigung mit tiefem Mißtrauen ablehnt.

Ich *verurteile* das Christentum, ich erhebe gegen die christliche Kirche die furchtbarste aller Anklagen, die je ein Ankläger in den Mund genommen hat. Sie ist mir die höchste aller denkbaren Korruptionen, sie hat den Willen zur letzten auch nur möglichen Korruption gehabt. Die christliche Kirche ließ nichts mit ihrer Verderbnis unberührt, sie hat aus jedem Wert einen Unwert, aus jeder Wahrheit eine Lüge, aus jeder Rechtschaffenheit eine Seelen-Niedertracht gemacht. Man wage es noch, mir von ihren »humanitären« Segnungen zu reden! Irgendeinen Notstand *abschaffen* ging wider ihre tiefste Nützlichkeit: sie lebte von Notständen, sie *schuf* Notstände, um *sich* zu verewigen . . . Der Wurm der Sünde zum Beispiel: mit diesem Notstande hat erst die Kirche die Menschheit bereichert! – Die »Gleichheit der Seelen vor Gott«, diese Falschheit, dieser *Vorwand* für die *rancunes* aller Niedriggesinnten, dieser Sprengstoff von Begriff, der endlich Revolution, moderne Idee und Niedergangs-Prinzip der ganzen Gesellschafts-Ordnung geworden ist – ist *christlicher* Dynamit . . . »Humanitäre« Segnungen des Christentums! Aus der *humanitas* einen Selbst-Widerspruch, eine Kunst der Selbstschändung, einen Willen zur Lüge um jeden Preis, einen Widerwillen, eine Verachtung aller guten und rechtschaffenen Instinkte herauszuzüchten! Das wären mir Segnungen des Christentums! – Der Parasitismus als *einzige* Praxis der Kirche; mit ihrem Bleichsuchts-, ihrem »Heiligkeits«-Ideal jedes Blut, jede Liebe, jede Hoffnung zum Leben austrinkend; das Jenseits als Wille zur Verneinung jeder Realität; das Kreuz als Erkennungszeichen für die unterirdischste Verschwörung, die es je gegeben hat – gegen Gesundheit, Schönheit, Wohlgeratenheit, Tapferkeit, Geist, *Güte* der Seele, *gegen das Leben selbst* . . .

Diese ewige Anklage des Christentums will ich an alle Wände schreiben, wo es nur Wände gibt – ich habe Buchstaben, um auch Blinde sehend zu machen . . . Ich heiße das Christentum den *einen* großen Fluch, die *eine* große innerlichste Verdorbenheit, den *einen* großen Instinkt der Rache, dem kein Mittel giftig, heimlich, unterirdisch, *klein* genug ist – ich heiße es den *einen* unsterblichen Schandfleck der Menschheit . . .

Und man rechnet die *Zeit* nach dem *dies nefastus*, mit dem dies Verhängnis anhob – nach dem *ersten* Tag des Christentums! – *Warum nicht lieber nach seinem letzten? – Nach heute?* – Umwertung aller Werte!

Sigmund Freud
1856–1939

Der in Österreich geborene Begründer der Psychoanalyse lehrte und praktizierte seit 1902 in Wien. Mit seinem 1900 veröffentlichten Werk »Die Traumdeutung« erschloß er den Bereich des Unbewußten im Menschen der wissenschaftlichen Forschung. 1927 erschien seine Schrift »Die Zukunft einer Illusion«, die als sein Hauptwerk über die Religion angesehen werden kann. Aus dieser Schrift wird auf den folgenden Seiten zitiert.

Die Zukunft einer Illusion

Die Rätsel der Welt entschleiern sich unserer Forschung nur langsam, die Wissenschaft kann auf viele Fragen heute noch keine Antwort geben. Die wissenschaftliche Arbeit ist aber für uns der einzige Weg, der zur Kenntnis der Realität außer uns führen kann. Es ist wiederum nur Illusion, wenn man von der Intuition und der Selbstversenkung etwas erwartet; sie kann uns nichts geben als – schwer deutbare – Aufschlüsse über unser eigenes Seelenleben, niemals Auskunft über die Fragen, deren Beantwortung der religiösen Lehre so leicht wird. Die eigene Willkür in die Lücke eintreten zu lassen und nach persönlichem Ermessen dies oder jenes Stück des religiösen Systems für mehr oder weniger annehmbar zu erklären wäre frevelhaft. Dafür sind diese Fragen zu bedeutungsvoll, man möchte sagen: zu heilig.

An dieser Stelle kann man auf den Einwand gefaßt sein: »Also, wenn selbst die verbissenen Skeptiker zugeben, daß die Behauptungen der Religion nicht mit dem Verstand zu widerlegen sind, warum soll ich ihnen dann nicht glauben, da sie soviel für sich haben, die Tradition, die Übereinstimmung der Menschen und all das Tröstliche ihres Inhalts?« Ja, warum nicht? So wie niemand zum Glauben gezwungen werden kann, so auch niemand zum Unglauben. Aber man gefalle sich nicht in der Selbsttäuschung, daß man mit solchen Begründungen die Wege des korrekten Denkens geht. Wenn die Verurteilung »faule Ausrede« je am Platze war, so hier. Die Unwissenheit ist die Unwissenheit; kein Recht, etwas zu glauben, leitet sich aus ihr ab. Kein vernünftiger Mensch wird sich in anderen Dingen so leichtsinnig benehmen und sich mit so armseligen Begründungen seiner Urteile, seiner Parteinahme, zufriedengeben, nur in den höchsten und heiligsten Dingen gestattet er sich das. In Wirklichkeit sind es nur Bemühungen, um sich oder anderen vorzuspiegeln, man halte noch an der Religion fest, während man sich längst von ihr abgelöst hat. Wenn es sich um Fragen der Religion handelt, machen sich die Menschen aller möglichen Unaufrichtigkeiten und intellektuellen Unarten schuldig. Philosophen überdehnen die Bedeutung von Worten, bis diese kaum etwas von ihrem ursprünglichen Sinn übrigbehalten, sie heißen irgendeine verschwommene Abstraktion, die sie sich geschaffen haben, »Gott« und sind nun auch Deisten, Gottesgläubige vor aller Welt, können sich selbst rühmen, einen höheren, reineren Gottesbegriff erkannt zu haben, obwohl ihr Gott nur mehr ein wesenloser Schatten ist und nicht mehr die machtvolle Persönlichkeit der religiösen Lehre. Kritiker beharren darauf, einen Menschen, der sich zum Gefühl der menschlichen Kleinheit und Ohnmacht vor dem Ganzen der Welt bekennt, für »tief religiös« zu erklären, obwohl nicht dieses Gefühl das Wesen der Religiosität ausmacht, sondern erst der nächste Schritt, die Reaktion darauf, die gegen dies Gefühl eine Abhilfe sucht. Wer nicht weiter geht, wer sich demütig mit der geringfügigen Rolle des Menschen in der großen Welt bescheidet, der ist vielmehr irreligiös im wahrsten Sinne des Wortes.

Es liegt nicht im Plane dieser Untersuchung, zum Wahrheitswert der religiösen Lehren Stellung zu nehmen. Es genügt uns, sie in ihrer psychologischen Natur als Illusionen erkannt zu haben. Aber wir brauchen nicht zu verhehlen, daß diese Aufdeckung auch unsere Einstellung zu der Frage, die vielen als die wichtigste erscheinen muß, mächtig beeinflußt. Wir wissen ungefähr, zu welchen Zeiten die religiösen Lehren geschaffen worden sind und von was für Menschen. Erfahren wir noch, aus welchen Motiven es geschah, so erfährt unser Standpunkt zum religiösen Problem eine merkliche Verschiebung. Wir sagen uns, es wäre ja sehr schön, wenn es einen Gott gäbe als Weltenschöpfer und gütige Vorsehung, eine sittliche Weltordnung und ein jenseitiges Leben, aber es ist doch sehr auffällig, daß dies alles so ist, wie wir es uns wünschen müssen. Und es wäre noch sonderbarer, daß unseren armen, unwissenden, unfreien Vorvätern die Lösung all dieser schwierigen Welträtsel geglückt sein sollte.

Die Religion hat der menschlichen Kultur offenbar große Dienste geleistet, zur Bändigung der asozialen Triebe viel beigetragen, aber nicht genug. Sie hat durch viele Jahrtausende die menschliche Gesellschaft beherrscht; hatte Zeit zu zeigen, was sie leisten kann. Wenn es ihr gelungen wäre, die Mehrzahl der Menschen zu beglücken, zu trösten, mit dem Leben auszusöhnen, sie zu Kulturträgern zu machen, so würde es niemand einfallen, nach einer Änderung der bestehenden Verhältnisse zu streben. Was sehen wir anstatt dessen? Daß eine erschreckend große Anzahl von Menschen mit der Kultur unzufrieden und in ihr unglücklich ist, sie als ein Joch empfindet, das man abschütteln muß, daß diese Menschen entweder alle Kräfte an eine Abänderung dieser Kultur setzen oder in ihrer Kulturfeindschaft so weit gehen, daß sie von Kultur und Triebeinschränkung überhaupt nichts wissen wollen. Man wird uns hier einwerfen, dieser Zustand komme eben daher, daß die Religion einen Teil ihres Einflusses auf die Menschenmassen eingebüßt hat, gerade infolge der bedauerlichen Wirkung der Fortschritte in der Wissenschaft. Wir werden uns dieses Zugeständnis und seine Begründung merken und es später für unsere Absichten verwerten, aber der Einwand selbst ist kraftlos.

Es ist zweifelhaft, ob die Menschen zur Zeit der uneingeschränkten Herrschaft der religiösen Lehren im ganzen glücklicher waren als heute, sittlicher waren sie gewiß nicht. Sie haben es immer verstanden, die religiösen Vorschriften zu veräußerlichen und damit deren Absichten zu vereiteln. Die Priester, die den Gehorsam gegen die Religion zu bewachen hatten, kamen ihnen dabei entgegen. Gottes Güte mußte seiner Gerechtigkeit in den Arm fallen: Man sündigte, und dann brachte man Opfer oder tat Buße, und dann war man frei, um von neuem zu sündigen. Russische Innerlichkeit hat sich zur Folgerung aufgeschwungen, daß die Sünde unerläßlich sei, um alle Seligkeiten der göttlichen

Gnade zu genießen, also im Grunde ein gottgefälliges Werk. Es ist offenkundig, daß die Priester die Unterwürfigkeit der Massen gegen die Religion nur erhalten konnten, indem sie der menschlichen Triebnatur so große Zugeständnisse einräumten. Es blieb dabei: Gott allein ist stark und gut, der Mensch aber schwach und sündhaft. Die Unsittlichkeit hat zu allen Zeiten an der Religion keine mindere Stütze gefunden als die Sittlichkeit. Wenn die Leistungen der Religion in bezug auf die Beglückung der Menschen, ihre Kultureignung und ihre sittliche Beschränkung keine besseren sind, dann erhebt sich doch die Frage, ob wir ihre Notwendigkeit für die Menschheit nicht überschätzen und ob wir weise daran tun, unsere Kulturforderungen auf sie zu gründen . . .

Der wissenschaftliche Geist erzeugt eine bestimmte Art, wie man sich zu den Dingen dieser Welt einstellt; vor den Dingen der Religion macht er eine Weile halt, zaudert, endlich tritt er auch hier über die Schwelle. In diesem Prozeß gibt es keine Aufhaltung, je mehr Menschen die Schätze unseres Wissens zugänglich werden, desto mehr verbreitet sich der Abfall vom religiösen Glauben, zuerst nur von den veralteten, anstößigen Einkleidungen desselben, dann aber auch von seinen fundamentalen Voraussetzungen.

Ricarda Huch
1864–1947

Die deutsche Dichterin, die mit Gedichten, Erzählungen und Romanen bekannt wurde, wandte sich später historischen Darstellungen zu. So erschien von 1912 bis 1914 ihre monumentale Schilderung des Dreißigjährigen Krieges unter dem Titel »Der große Krieg in Deutschland«. Religiöse Fragen erörterte sie in dem 1916 veröffentlichten Buch »Luthers Glaube - Briefe an einen Freund«. Die folgenden Abschnitte entstammen der Essaysammlung »Urphänomene«, die ein Jahr vor ihrem Tod erschienen ist.

Der Gott der Liebe

Viel Weises und Schönes haben Dichter und Philosophen über die Liebe gesagt, sogar den Feind zu lieben empfohlen, aber die Allgewalt, Abgründigkeit und Hoheit der Liebe, auf die sie hinweisen, wird nicht persönlich, wie sie es in der Bibel wird, wo nicht nur ihr Wesen erkannt und geschildert wird, wo sie selbst gegenwärtig ist und ihre Göttlichkeit offenbart. Der eine Gott des Volkes Israel ist die Liebe. Auch die griechischen Götter haben zuweilen eine herzliche Zuneigung zu einzelnen Sterblichen, wie sich das zum Beispiel im Verhältnis der Athene zu Odysseus so anmutig äußert: meistens sind es die von ihnen gezeugten Kinder, die die Götter begünstigen. Im allgemeinen aber herrscht eher gegenseitiges Mißtrauen zwischen Göttern und Menschen; die Menschen sind besorgt, durch Glück und dadurch gesteigertes Selbstgefühl bei den Göttern Anstoß zu erregen, und die Götter sind darauf bedacht, die Menschen an ihre Nichtigkeit zu erinnern. Über ein unfruchtbares Mitleid mit dem elenden Geschlecht der Sterblichen geht das Gefühl der Götter für die Menschen kaum hinaus. Wie anders Jehovah und sein Volk! Er, den alle Himmel nicht fassen, neigt sich zu seinem Volke und schließt einen Bund mit ihm, einen Bund der Liebe. Das vor allem verlangt er von seinem Volke, daß es ihn liebe, wie er ihm seine Liebe und Treue verheißt. Durch alle Bücher des Alten Testamentes braust diese Liebe hinreißend, beseligend und beseligt. Frühlingshaft, jugendgewaltig braust sie hervor aus einer gründlichen Quelle, eine Urkraft. Sie wählt sich ihren Liebling aus göttlicher Willkür, nicht weil er größer oder besser ist als andere, sondern weil sie gerade ihn liebt und von ihm geliebt sein will. Sie nährt und pflegt ihn wie Vater und Mutter voll Geduld und Barmherzigkeit, das ungehorsame Kind scheltend und ihm immer wieder verzeihend. Wie ein Freund steht Jehovah seinem Volke bei, wandelt er an seiner Seite, reicht er ihm die schützende Hand, tröstet er es im Leide. Ein einziges Gebot wiederholt er immer wieder: liebe mich von ganzem Herzen und von ganzer Seele, denn ich habe dich zuerst geliebt. Im grollenden Donner und im sanften Sausen des Windes ertönt die warme, die tiefe, zärtliche Stimme: ich will deine Brandopfer nicht, dich selbst sollst du mir geben! Wenn er zürnt, wankt die Erde; aber er vergißt seines Zornes bald und zieht den Reuigen an sein allgütiges Herz. Die Gottesliebe, die sich ihr Volk zubereitet hatte, ergreift von diesem Volke aus die Menschheit . . .

Man könnte das Alte Testament das Buch der triumphierenden, das Neue das Buch der tragischen Liebe nennen. Gott gibt den Menschen einen eingeborenen Sohn, und sie schlagen ihn ans Kreuz. Die Liebe wandelt als Mensch unter den Menschen und wird nur von armen Fischern erkannt. Die wenigen, die sie erkannt haben und ausziehen, um die frohe Botschaft zu verkünden, werden gemartert und getötet. Die Jünger des Gottes der Liebe erwartet in der Welt Kampf und Untergang. Aber dennoch triumphiert auch diese gemarterte Liebe, denn der Gekreuzigte ist auch der Auferstandene. Die Liebe ist kein leidender Zustand, kein schwächliches Gefühl, sondern die Kraft der Kräfte, die einzig schöpferische Kraft, von ihr durchtränkt, von ihr trunken, vermögen die Propheten ihren heiligen Wahnsinn zum Sinn aller zu machen.

Die menschliche Liebe zeigt sich mit der größten Gewalt und dem verführerischsten Glanze als Liebe zwischen Mann und Frau, als Geschlechtsliebe. Erleben wir an ihr auch Wandelbarkeit und Treulosigkeit, das Umschlagen in Abneigung und Haß, den Antrieb zu verbrecherischen Taten, es ist dieser Naturtrieb doch die Grundlage der edelsten Gefühle und der Schaffenskraft. Kein Prophet läßt sich denken ohne diesen Grundtrieb, der auf wunderbare Weise in ihm verwandelt wird. Weil die irdische Grundlage der Liebe mit dem Bösen verwandt ist, erscheint ihr dämonischer Charakter auch in der Bibel. Die düstere Flamme schwelt unter dem göttlichen Feuer. Am meisten der göttlichen Liebe verwandt ist die Liebe zwischen Eltern und Kindern; aber überall blüht sie auf, wo Menschen einander begegnen, und überall verrät sie ihren göttlichen Ursprung. Sie überwindet alle Widerstände, sie verbindet das Fremde und Ferne, sie erfüllt das Leere, sie heilt das Kranke, sie macht das Tote lebendig. Schützte sie nicht die Kindheit, stützte sie nicht das Alter, speiste sie nicht die Hungernden, tröstete sie nicht die Traurigen, gesellte sie sich nicht den Einsamen, träte sie nicht dem Bösen entgegen, die Menschheit müßte zugrunde gehen. Immer wenn der Kreislauf der Liebe stockt, oder wenn sie ganz zu versiegen droht und infolgedessen die Erde verwildert und verödet, ergießt Gott, um sie mit neuem Leben zu erfüllen, einen Strom seiner Liebe durch seine Gesandten. Nur übermenschliche Liebeskraft vermag eine durch menschliche Verderblichkeit aus den Fugen gegangene Welt zu heilen.

Die beiden schönsten Liebesgeschichten der Weltliteratur stehen, das eine im Alten, das andere im Neuen Testament, im Hohenliede und im Korintherbrief –; das Einzigartige der Bibel ist aber, daß sie nicht nur einzelne Stellen enthält, die von göttlich-menschlicher Liebe handeln, sondern daß die Liebe wie ein ätherisches Element durch alle ihre Seiten ausgegossen ist. Man fühlt sie wie einen beseligenden Duft, mag von der Schlacht, von der Wüste, von Trübsal oder Freude die Rede sein, durch alle Worte hindurch pochte der beherrschende Schlag des alliebenden Herzens. Dieser ungreifbare und unbegreifliche Liebeszauber bewirkt die Anziehungskraft des Buches auf alle Völker und alle Zeiten.

Bertrand Russell
1872–1970

Der englische Philosoph und Mathematiker, der zusammen mit seinem Freund A. N. Whitehead von 1910 bis 1913 eines der grundlegenden Werke der mathematischen Methodenlehre (»Principia Mathematica«) verfaßte, veröffentlichte im Laufe seines langen Lebens mehr als vierzig Bücher, die sich mit Problemen fast aller Wissensgebiete sowie mit aktuellen politischen Fragen beschäftigen. 1950 erhielt er den Nobelpreis für Literatur. Sein Buch »Warum ich kein Christ bin«, aus dem hier zitiert wird, erschien erstmals 1957 in London.

Der Mensch in der Natur

Die Angst ist die Grundlage des religiösen Dogmas wie so vieler anderer Dinge im menschlichen Leben. Unser soziales Leben wird zum großen Teil von der Angst vor einzelnen Menschen oder vor der Masse beherrscht, aber es ist die Angst vor der Natur, die die Religionen entstehen läßt. Wie wir gesehen haben, ist der Gegensatz zwischen Geist und Materie mehr oder weniger eine Täuschung. Es gibt aber noch einen anderen, wichtigeren Gegensatz – nämlich den zwischen Dingen, die unser Wollen beeinflussen kann, und solchen, die es nicht beeinflussen kann. Die Trennungslinie zwischen den beiden ist weder scharf noch starr – mit dem Fortschritt der Wissenschaft gelangen immer mehr Dinge unter die Herrschaft des Menschen. Dennoch bleiben eindeutig gewisse Dinge auf der anderen Seite. Darunter fallen alle *großen* Gegebenheiten unserer Welt, und zwar solche, mit denen sich die Astronomie befaßt. Wir können nur die Gegebenheiten auf oder nahe der Oberfläche der Erde bis zu einem gewissen Grad so formen, daß sie unseren Wünschen entsprechen. Und selbst auf der Oberfläche der Erde ist unsere Macht sehr begrenzt. Vor allem können wir den Tod nicht verhindern, wenn wir ihn auch in vielen Fällen hinausschieben können.

Die Religion ist ein Versuch, diesen Gegensatz zu überwinden. Wenn die Welt von Gott gelenkt wird und wir Gott durch Gebete rühren können, erringen wir einen Anteil an der Allmacht. In früheren Zeiten geschahen auf Grund von Gebeten Wunder, in der katholischen Kirche geschehen sie immer noch, während die Protestanten diese Macht verloren haben. Man kann jedoch auf Wunder verzichten, da die Vorsehung verfügt hat, daß das Wirken der Naturgesetze die bestmöglichen Ergebnisse hervorbringen wird. So dient der Glaube an Gott immer noch dazu, die Natur zu vermenschlichen und den Menschen das Gefühl zu geben, daß die physikalischen Kräfte in Wahrheit ihre Verbündeten seien. Ebenso nimmt die Unsterblichkeit dem Tod seinen Schrecken. Von Menschen, die glauben, daß sie nach ihrem Tod die ewige Seligkeit genießen werden, sollte man erwarten, daß sie dem Tod ohne Entsetzen ins Auge blicken, aber zum Glück für die Ärzte ist das nicht immer der Fall. Dieser Glaube mildert jedoch irgendwie die Angst, wenn er sie auch nicht ganz beseitigen kann.

Da die Religion ihren Ursprung in der Angst hat, hat sie gewisse Arten der Angst für gut erklärt und die Menschen dazu gebracht, sie nicht für eine Schande zu halten. Damit hat sie der Menschheit keinen guten Dienst erwiesen: *Jede* Art von Angst ist schlecht. Ich glaube, daß ich verwesen werde, wenn ich sterbe, und daß nichts von meinem Ego übrigbleibt. Ich bin nicht jung, und ich liebe das Leben. Aber ich würde es verachten, bei dem Gedanken an die Vernichtung vor Schrecken zu zittern. Das Glück ist wahr, auch dann, wenn es ein

Ende finden muß, und auch das Denken und die Liebe verlieren nicht ihren Wert, weil sie nicht ewig währen. So mancher Mann hat auf dem Schafott eine stolze Haltung gezeigt, und der gleiche Stolz sollte uns lehren, über die Stellung des Menschen in der Welt die Wahrheit zu denken. Selbst wenn uns die offenen Fenster der Wissenschaft nach der gemütlichen Wärme der traditionellen, vermenschlichenden Mythen zunächst vor Kälte erschauern lassen, so macht uns die frische Luft am Ende stark, und die unermeßlichen Weiten besitzen eine eigene Großartigkeit.

Naturphilosophie und Wertphilosophie sind zwei ganz verschiedene Dinge. Wenn man sie verwechselt, kann daraus nichts als Unheil entstehen. Was wir für gut halten und was wir gerne hätten, hat überhaupt nichts mit dem zu tun, was tatsächlich ist; das ist eine Frage der Naturphilosophie. Andererseits kann man uns nicht verbieten, dieses oder jenes zu schätzen, bloß weil es von der Welt außerhalb der Menschen nicht geschätzt wird, noch kann man uns dazu zwingen, etwas zu bewundern, weil es ein »Naturgesetz« sei. Zweifellos sind wir ein Teil der Natur, die gemäß den Gesetzen, die der Physiker zu entdecken beginnt, unsere Wünsche, Hoffnungen und Angst erzeugt hat. In diesem Sinne sind wir ein Teil der Natur, wir sind ihr unterworfen, sind das Ergebnis von Naturgesetzen und, auf die Dauer gesehen, ihre Opfer.

Die Naturphilosophie darf nicht zu sehr auf die Erde bezogen werden. Für sie ist die Erde nur einer der kleineren Planeten eines kleineren Sternes der Milchstraße. Es wäre lächerlich, die Naturphilosophie zu verdrehen, um zu Ergebnissen zu gelangen, die den winzigen Parasiten dieses unbedeutenden Planeten gefallen. Der Vitalismus als Philosophie und der Evolutionismus zeigen in dieser Hinsicht einen mangelnden Sinn für richtige Proportionen und logische Geltung. Sie betrachten die für uns persönlich interessanten Gegebenheiten des Lebens, als hätten sie kosmische Bedeutung und nicht eine Bedeutung, die auf die Erdoberfläche begrenzt ist. Optimismus und Pessimismus als kosmische Philosophien benutzen den gleichen naiven menschlichen Maßstab. Soweit wir das Universum aus der Naturphilosophie kennen, ist es weder gut noch schlecht und befaßt sich nicht damit, uns glücklich oder unglücklich zu machen. Alle solchen Anschauungen entspringen der Selbstüberhebung und werden am besten durch ein wenig Beschäftigung mit Astronomie korrigiert.

Bei der Wertphilosophie sind die Verhältnisse jedoch genau umgekehrt. Die Natur ist nur ein Teil der Dinge, die wir uns vorstellen können. Wir können allem einen bestimmten Wert beimessen, sei er nun wirklich oder nur eingebildet, und es gibt keine äußere Norm, die uns zeigte, daß unsere Bewertung falsch ist. Wir selbst sind die letzten und unwiderlegbaren Schiedsrichter der Bewertung, und die Natur ist nur ein Teil in dieser Welt der Werte. In ihr sind wir daher größer als die Natur. In der Welt der Werte ist die Natur selbst neutral, weder gut noch schlecht, und sie verdient weder Bewunderung noch Kritik. Wir selbst sind es, die die Wertungen schaffen; und unsere Wünsche sind es, die den Dingen Wert verleihen. In diesem Reich sind wir Könige, und wenn wir uns vor der Natur verbeugen, erniedrigen wir unsere Königswürde. Uns steht es zu, zu bestimmen, worin das gute Leben besteht, nicht der Natur – nicht einmal der Natur, die durch Gott verkörpert wird.

Carl Gustav Jung
1875–1961

Der Schweizer Psychiater und Tiefenpsychologe, der zunächst eng mit Sigmund Freud zusammenarbeitete, löste sich 1912/13 von ihm und entwickelte seine eigenständige »Analytische Psychologie«, die als Lehre vom sogenannten kollektiven Unbewußten neues Licht auf die Bereiche von Mythos und Religion warf. Der folgende Text stammt aus dem Kapitel »Über das Leben nach dem Tode« in dem 1962 erschienenen Buch »Erinnerungen, Träume, Gedanken von C. G. Jung« und enthält Gedanken Jungs aus dem Jahre 1959.

Bist du auf Unendliches bezogen?

Die entscheidende Frage für den Menschen ist: Bist du auf Unendliches bezogen oder nicht? Das ist das Kriterium seines Lebens. Nur wenn ich weiß, daß das Grenzenlose das Wesentliche ist, verlege ich mein Interesse nicht auf Dinge, die nicht von entscheidender Bedeutung sind. Wenn ich es nicht weiß, so insistiere ich darauf, um dieser oder jener Eigenschaft willen, die ich als persönlichen Besitz auffasse, etwas in der Welt zu gelten. Also vielleicht wegen »meiner« Begabung oder »meiner« Schönheit. Je mehr der Mensch auf falschem Besitz insistiert und je weniger das Wesentliche für ihn spürbar ist, desto unbefriedigender ist sein Leben. Er fühlt sich beschränkt, weil er beschränkte Absichten hat, und das schafft Neid und Eifersucht. Wenn man versteht und fühlt, daß man schon in diesem Leben an das Grenzenlose angeschlossen ist, ändern sich Wünsche und Einstellung. Letzten Endes gilt man nur wegen des Wesentlichen, und wenn man das nicht hat, ist das Leben vertan. Auch in der Beziehung zum andern Menschen ist es entscheidend, ob sich das Grenzenlose in ihr ausdrückt oder nicht.

Das Gefühl für das Grenzenlose erreiche ich aber nur, wenn ich auf das Äußerste begrenzt bin. Die größte Begrenzung des Menschen ist das Selbst; es manifestiert sich im Erlebnis »ich bin nur da!«. Nur das Bewußtsein meiner engsten Begrenzung im Selbst ist angeschlossen an die Unbegrenztheit des Unbewußten. In dieser Bewußtheit erfahre ich mich zugleich als begrenzt und ewig, als das Eine und das Andere. Indem ich mich einzigartig weiß in meiner persönlichen Kombination, d.h. letztlich begrenzt, habe ich die Möglichkeit, auch des Grenzenlosen bewußt zu werden. Aber nur dann.

In einer Epoche, die ausschließlich auf Erweiterung des Lebensraumes sowie Vermehrung des rationalen Wissens à tout prix gerichtet ist, ist es höchste Forderung, sich seiner Einzigartigkeit und Begrenzung bewußt zu sein – Einzigartigkeit und Begrenztheit sind Synonyme. Ohne sie gibt es keine Wahrnehmung des Unbegrenzten – und daher auch keine Bewußtwerdung – sondern bloß eine wahnartige Identität mit demselben, welche sich im Rausch der großen Zahlen und der politischen Machtfülle äußert.

Unsere Zeit hat alle Betonung auf den diesseitigen Menschen und seine Welt herbeigeführt. Die Erscheinung der Diktatoren und all des Elends, das sie gebracht haben, geht darauf zurück, daß dem Menschen durch die Kurzsichtigkeit die Jenseitigkeit geraubt wurde. Wie diese ist auch er der Unbewußtheit zum Opfer gefallen. Die Aufgabe des Menschen nämlich wäre ganz im Gegenteil, sich dessen, was vom Unbewußten her andrängt, bewußt zu werden, anstatt darüber unbewußt oder damit identisch zu bleiben. In beiden Fällen würde er seiner Bestimmung, Bewußtsein zu schaffen, untreu. Soweit wir zu erkennen vermögen, ist es der einzige Sinn der menschlichen Existenz, ein Licht anzuzünden in der Finsternis des bloßen Seins. Es ist sogar anzunehmen, daß, wie das Unbewußte auf uns wirkt, so auch die Vermehrung unsers Bewußtseins auf das Unbewußte.

Martin Buber
1878–1965

Der in Wien geborene jüdische Religionsphilosoph hatte von 1923 bis 1933 einen Lehrauftrag für jüdische Religionsphilosophie und später Religionsgeschichte an der Universität Frankfurt. Seit 1938 lehrte er an der hebräischen Universität in Jerusalem. Im Chassidismus suchte er den Weg zur Erneuerung des Judentums. Seit 1925 begann, zunächst in Zusammenarbeit mit Franz Rosenzweig, unter dem Titel »Die Schrift« seine eigenwillige Übersetzung des Alten Testaments zu erscheinen. Ein Jahr vor seinem Tode verfaßte er die hier abgedruckten »Fragmente über Offenbarung«.

Fragmente über Offenbarung

A. Der Platz der Vernunft in der Offenbarung

Offenbarung ist ewig, und alles ist geeignet, Zeichen der Offenbarung zu werden. Was uns in der Offenbarung eröffnet wird, ist nicht Gottes Wesen, wie es unabhängig von unserer Existenz ist, sondern seine Beziehung zu uns und unsere Beziehung zu ihm. Wir können Offenbarung nur empfangen, wenn und solang wir ein Ganzes sind. In dieser meiner Ganzheit, in der alle meine Kräfte und Fähigkeiten eingeschlossen sind, darf selbstverständlich die Vernunft nicht fehlen; auch sie muß in die Einheit eingehen, als die allein ich Offenbarung empfangen kann. Um dies aber zu tun, muß sie den Anspruch aufheben, sich selbst zu genügen. Hat die Vernunft sich als eins der Elemente in das Ganze unserer Substanz eingefügt, dann kann es ihr nicht geschehen, daß das in der Offenbarung Erfahrene ihr selber widerspricht, wohl aber, daß es ihren bisherigen Einsichten widerspricht. Die in das Ganze eingegangene Vernunft ist bereit, ihre bisherigen Feststellungen durch die Offenbarung umstürzen oder doch berichtigen zu lassen. Die Offenbarung ruft somit die Vernunft an, an ihrer Aufnahme teilzunehmen, aber auch, sich von ihr aufrühren und erneuern zu lassen.

B. Vom Wesen der Autorität in der Religion

Echte Autorität gibt es in der Religion wie überhaupt in der Welt nur insofern, als Gottes Wille erkannt wird. Eine völlige und adäquate Erkenntnis des Willens Gottes gibt es aber in der Geschichte nicht. In dem Augenblick, wo sie in die Geschichte einträte, wäre die Geschichte zu Ende. Das tatsächliche Offenbarungsereignis in der Geschichte ebenso wie im Leben des einzelnen Menschen bedeutet nicht, daß sich ein göttlicher Inhalt in ein leeres menschliches Gefäß gieße, oder daß eine göttliche Substanz sich in menschlicher Gestalt darstelle. Die tatsächliche Offenbarung bedeutet die Brechung des einigen göttlichen Lichtes in der menschlichen Vielfältigkeit, das heißt, die Brechung der Einheit im Widerspruch. Wir kennen keine andere Offenbarung als die der *Begegnung* von Göttlichem und Menschlichem, an der das Menschliche faktisch beteiligt ist. Das Göttliche ist ein Feuer, das das menschliche Erz umschmilzt, aber was sich ergibt, ist nicht von der Art des Feuers. Wir können daher nichts, was direkt oder indirekt (sei es durch schriftliche oder mündliche Tradition) aus der tatsächlichen Offenbarung hervorgeht, ob Wort oder Brauch oder Institution, so wie wir es besitzen, als von Gott gesprochen oder von Gott eingesetzt verstehen. Es ist uns aber auch nicht gegeben, innerhalb davon schlechthin und ein für allemal zwischen Göttlichem und Menschlichem zu scheiden. Mit anderen Worten: es gibt keine Sicherheit gegen die Notwendigkeit, in Furcht und Zittern zu leben; es gibt nichts als die

Gewißheit, daß wir an der Offenbarung teilhaben. Nichts kann uns der Aufgabe entheben, uns selber, so wie wir sind, als Ganzheit und Einheit, der ewigen Offenbarung aufzuschließen, die alles, alle Dinge und alle Vorgänge, in der Geschichte und in unserem Leben, zu ihren Zeichen machen kann. Nur so gewinnen wir die Grundlage zu einem zugleich gläubigen und kritischen Verhalten. Wir gewinnen die Grundlage auf eigene Verantwortung, also mit Furcht und Zittern, innerhalb jeder echten Autorität, d.h. einer, deren Ursprung aus wirklicher Begegnung von Göttlichem und Menschlichem uns glaubensmäßig gewiß ist, zwischen beiden für diese eine bestimmte Stunde zu scheiden, und zwar auch das nicht schlechthin, sondern nur im Bereich unserer eigenen Entscheidungen – also nur, indem wir in uns selber scheiden. Die Weltgeschichte ist der Kampfplatz zwischen falscher und echter Autorität; jedem gläubigen Menschen liegt es ob, an diesem Kampf teilzunehmen und zum Sieg der echten Autorität beizutragen; die Siege, die hier erfochten werden, sind zumeist unterirdisch und werden erst spät erkennbar. Die Weltgeschichte ist aber auch das Tauchbad, in dem jede echte Autorität sich immer wieder reinigen, sich von den Schlacken des Menschlichen, die als solche wahrnehmbar geworden sind, zu befreien suchen muß; jedem gläubigen Menschen liegt es ob, daran durch Selbstläuterung teilzunehmen. Auch hier tun sich die Ergebnisse oft erst in künftigen Epochen kund.

C. Die exklusive Haltung der Religionen

Jede Religion hat ihren Ursprung in einer Offenbarung. Keine Religion ist absolute Wahrheit, keine ist ein auf die Erde herabgekommenes Stück Himmel. Jede Religion ist eine menschliche Wahrheit. Das heißt, sie stellt die Beziehung einer bestimmten menschlichen Gemeinschaft als solcher zum Absoluten dar. Jede Religion ist ein Haus der nach Gott verlangenden Menschenseele, ein Haus mit Fenstern und ohne Tor; ich brauche nur ein Fenster aufzumachen und Gottes Licht dringt ein; mache ich aber ein Loch in der Mauer und breche aus, dann bin ich nicht bloß hauslos geworden: mich umgibt ein kaltes Licht, das nicht das Licht des lebendigen Gottes ist. Jede Religion ist ein Exil, in das der Mensch vertrieben ist; hier ist er es deutlicher als sonstwo, weil in seiner Beziehung zu Gott von den Menschen anderer Gemeinschaften geschieden; und nicht eher als in der Erlösung der Welt können wir aus den Exilen befreit und in die gemeinsame Gotteswelt gebracht werden. Aber die Religionen, die das wissen, sind in der gemeinsamen Erwartung verbunden; sie können einander Grüße von Exil zu Exil, von Haus zu Haus durch die offenen Fenster zurufen. Doch nicht das allein: sie können miteinander in Verbindung treten und miteinander zu klären versuchen, was von der Menschheit aus getan werden kann, um der Erlösung näher zu kommen; es ist ein gemeinsames Handeln der Religionen denkbar, wenn auch jede von ihnen nicht anderswo handeln kann als im eignen Haus. All das aber ist nur in dem Maße möglich, als jede Religion sich ihrem Ursprung, der Offenbarung, in der sie ihren Ursprung hat, zuwendet und an der Entfernung davon, die sich in ihrem geschichtlichen Entwicklungsprozeß vollzogen hat, Kritik übt. Die geschichtlichen Religionen haben die Tendenz, Selbstzweck zu werden und sich gleichsam an Gottes Stelle zu setzen, und in der Tat ist nichts so geeignet, dem Menschen das Angesicht Gottes zu verdecken wie eine Religion. Die Religionen müssen zu Gott und zu seinem Willen demütig werden; jede muß erkennen, daß sie nur eine der Gestalten ist, in denen sich die menschliche Verarbeitung der göttlichen Botschaft darstellt – daß sie kein Monopol auf Gott hat; jede muß darauf verzichten, das Haus Gottes auf Erden zu sein, und sich damit begnügen, ein Haus der Menschen zu sein, die in der gleichen Weise Gott zugewandt sind, ein Haus mit Fenstern; jede muß ihre falsche exklusive Haltung aufgeben und die rechte annehmen. Und noch etwas ist not: die Religionen müssen mit aller Kraft darauf horchen, was Gottes Wille für diese Stunde ist, sie müssen von der Offenbarung aus die aktuellen Probleme zu bewältigen suchen, die der Widerspruch zwischen dem Willen Gottes und der gegenwärtigen Wirklichkeit der Welt ihnen stellt. Dann werden sie, wie in der gemeinsamen Erwartung der Erlösung, so in der Sorge um die noch unerlöste Welt von heute verbunden sein.

Alfred Döblin
1878–1957

Der deutsche Schriftsteller, der viele Jahre in Berlin als Nervenarzt paktizierte, emigrierte 1933 nach Frankreich, 1940 in die USA; 1945 kehrte er als Kulturoffizier der französischen Besatzungsmacht nach Deutschland zurück. Während der Emigration war er vom Judentum zum Katholizismus konvertiert. Zu seinen berühmtesten Werken gehören die Romane »Berlin Alexanderplatz« (1929) und »Hamlet oder Die lange Nacht nimmt ein Ende« (1956). Der erste der hier zitierten Abschnitte stammt aus seinem Buch »Unser Dasein«, das 1933 erschienen ist; der zweite aus dem Buch »Der Kampf mit dem Engel«, das er nach dem Zweiten Weltkrieg verfaßte und das erst nach seinem Tode erschienen ist.

Wir sind unvollendbar

Von der Vollendung und Überhöhung

So ist und bleibt in allen sogenannten Höhen unser Dasein menschliches Dasein, das von dem roten Faden der Trauer, Tragik und des sanften Nichts durchzogen wird. Und ebendarum darf man diesem einfachen Leben nicht unrecht tun. Es ist Essen und Trinken, Nahrungssorge, Liebesfreude und Schmerz, Kinderpflege, Krankheit. Und das hat schließlich jedes Tier auch. Aber die Klage über Unvollendung liegt über allem menschlichen Dasein! Und zuletzt, für den Alten, Ermüdeten, ist es noch ein Glück, den Tod zu empfangen, nachdem er bemerkt hat: eine Vollendung gibt es doch nicht. Die Unvollendbarkeit gehört zum Dasein eines jeden von uns. Die Unvollendbarkeit des Menschenwesens aber, die Trauer und Tragik, die aus dem simpelsten Dasein fließt, zeigt etwas Hoheitsvolles an. Was da klagt, was da schließlich resigniert, ist nicht die einfache warme tierische Natur, die sich erkalten fühlt. Es ist deutlich mehr. In dem Beengen, Versagen, Erkalten fühlt etwas in uns Grenzen, die es unter keinen Umständen anerkennen will. In dem Schmerz um die Unvollendung, um die Krankheit und den Tod ist mehr als eine banale Klage: ich möchte doch glücklich und gesund und unsterblich sein. Ich möchte – Vollendung. Wer da klagt, was da Schmerz empfindet, weiß – um Vollendung.

Das aber ist ein Punkt, wo es sehr aufzumerken gilt. Einzelwesen, zeitlich beschränkte, träumen von Vollendung! Und das ist kein Gedanke von Gelehrten, sondern ein dunkles oder helles, einfaches Gefühl in jedem. Wie ist das möglich? Wir wissen von nichts, scheint es, als von Geborensein, Wachsen, Blühen, Welken und Vergehen. Wir gehen mit nichts um als mit Dingen, die entstehen und zugrunde gehen. Nichts ist da, was das Wort ›vollendet‹ verdient. Jedem von uns ist das ganz sicher. Aber da steht in uns etwas auf: schon in der Kunst strebt es nach Vollendung, schafft Bilder, Abläufe, die Vollendung anzeigen sollen. Und dann hat es Religionen, die Vollendetes, Allervollendetstes geben, und daran hält es sich, Himmel, Gott, Engel, Heilige. Das muß es über sich aufbauen.

Diese Überhöhung müssen wir unaufhörlich vollziehen. Ein grenzenloser Bautrieb ist in uns gelegt. Unvollendbar sind wir, auf Vollendung soll und muß es aber gehen.

Wir jammern wie ein Säugling, der Nahrung verlangt. Ich habe vor Jahren von der indischen Lehre gelesen, und das Bild ihres großen Lehrers, des Buddha, hing auf goldenem Grund in meinem Zimmer. Der Buddha blickte abwärts und lächelte, milde, versöhnlich. Er schien alles zu begreifen und aus der Tiefe seiner Einsicht zu lächeln. Und dieser

Ausdruck bedeutete: Mische dich nicht ein, nimm es nicht schwer, nimm es nicht ernst, wende dich ab. So zu fühlen war mir eine Zeitlang möglich. Dann – ertrug ich es nicht mehr. Ich empörte mich. Ich wehrte mich gegen diese Apathie. Ich schämte mich, nicht mitzuleiden und nicht teilzunehmen und nicht einzugreifen.

Christus, die Liebe, nimmt seine Jünger nicht aus der Welt. Er läßt sie leiden und getötet werden. Er betet nur, daß sie vor dem Bösen bewahrt bleiben.

Er litt und nahm an. Durch dieses enge Tor zog Er ins Freie, an das Licht. Der Kreuzestod führte zur Auferstehung und das heißt für uns, deren Gestalt Er angenommen hat und deren Weg Er vorgelebt hat, daß wir, nun seine Kinder, in unsere Heimat gelangen.

Und so steht es jetzt:

Weg und Ziel sind gezeigt, die Mittel gegeben. Hier ist alles ernst und überzeugend für uns, da Gott sich selbst in unsere Angelegenheiten gemischt hat, nicht von oben, auf der Spitze eines Berges oder in einer Wolke oder in den Weissagungen eines Propheten. Er ließ nicht Glück auf den Menschen regnen, nein, nicht Freude und nicht das ersehnte, gleichmäßige Wohlbehagen, nicht die stabilen Zustände, nicht den Fortschritt auf der irdischen, politischen und wirtschaftlichen Ebene. Dies alles erscheint jetzt als gedankenlose Träumerei. Man verschreibe sich nicht den gefährlichen Pfuschereien des Fortschritts in Staat und Gesellschaft. Der Blick – auf das Himmelreich! – »Alles Weitere wird euch zufallen.«

Albert Einstein
1879–1955

Der aus Deutschland stammende bedeutendste Physiker des 20. Jahrhunderts war Professor in Zürich und Prag und von 1914 bis 1933 Leiter des Kaiser-Wilhelm-Instituts für Physik in Berlin. Nach seiner Emigration in die USA wurde er Professor in Princeton. Er ist Begründer der allgemeinen Relativitätstheorie und anderer entscheidender Grundlagen der modernen Physik. 1921 erhielt er den Nobelpreis für Physik. Er war ein leidenschaftlicher Pazifist. 1933 erschien in Paris sein Briefwechsel mit Sigmund Freud »Warum Krieg?«. Die folgenden Aufzeichnungen stammen aus seinem letzten Lebensjahrzehnt.

Wie ich die Welt sehe

Wie merkwürdig ist die Situation von uns Erdenkindern! Für einen kurzen Besuch ist jeder da. Er weiß nicht wofür, aber manchmal glaubt er, es zu fühlen. Vom Standpunkt des täglichen Lebens ohne tiefere Reflexion weiß man aber: man ist da für die anderen Menschen – zunächst für diejenigen, von deren Lächeln und Wohlsein das eigene Glück völlig abhängig ist, dann aber auch für die vielen Ungekannten, mit deren Schicksal uns ein Band des Mitfühlens verknüpft. Jeden Tag denke ich unzählige Male daran, daß mein äußeres und inneres Leben auf der Arbeit der jetzigen und der schon verstorbenen Menschen beruht, daß ich mich anstrengen muß, um zu geben im gleichen Ausmaß, wie ich empfangen habe und noch empfange. Ich habe das Bedürfnis nach Genügsamkeit und habe oft das drückende Bewußtsein, mehr als nötig von der Arbeit meiner Mitmenschen zu beanspruchen. Die sozialen Klassenunterschiede empfinde ich nicht als gerechtfertigt und letzten Endes als auf Gewalt beruhend. Auch glaube ich, daß ein schlichtes und anspruchsloses äußeres Leben für jeden gut ist, für Körper und Geist.

An Freiheit des Menschen im philosophischen Sinne glaube ich keineswegs. Jeder handelt nicht nur unter äußerem Zwang, sondern auch gemäß innerer Notwendigkeit. Schopenhauers Spruch: »Ein Mensch kann zwar tun, was er will, aber nicht wollen, was er will«, hat mich seit meiner Jugend lebendig erfüllt und ist mir beim Anblick und beim Erleiden der Härten des Lebens immer ein Trost gewesen und eine unerschöpfliche Quelle der Toleranz. Dieses Bewußtsein mildert in wohltuender Weise das leicht lähmend wirkende Verantwortungsgefühl und macht, daß wir uns selbst und die andern nicht gar zu ernst nehmen; es führt zu einer Lebensauffassung, die auch besonders dem Humor sein Recht läßt.

Nach dem Sinn oder Zweck des eigenen Daseins sowie des Daseins der Geschöpfe überhaupt zu fragen, ist mir von einem objektiven Standpunkt aus stets sinnlos erschienen. Und doch hat andererseits jeder Mensch gewisse Ideale, die ihm richtunggebend sind für das Streben und für das Urteilen. In diesem Sinn ist mir Behagen und Glück nie als Selbstzweck erschienen (ich nenne diese ethische Basis auch das Ideal der Schweineherde). Meine Ideale, die mir voranleuchteten und mich mit frohem Lebensmut immer wieder erfüllten, waren Güte, Schönheit und Wahrheit. Ohne das Gefühl der Übereinstimmung mit Gleichgesinnten, ohne die Beschäftigung mit dem Objektiven, dem ewig Unerreichbaren auf dem Gebiet der Kunst und des wissenschaftlichen Forschens wäre mir das Leben leer erschienen. Die banalen Ziele menschlichen Strebens: Besitz, äußerer Erfolg, Luxus, erschienen mir seit meinen jungen Jahren verächtlich.

Mein leidenschaftlicher Sinn für soziale Gerechtigkeit und soziale Verpflichtung stand stets in einem eigentümlichen Gegensatz zu einem ausgesprochenen Mangel an unmittelbarem Anschlußbedürfnis an Menschen und an menschliche Gemeinschaften. Ich bin ein richtiger »Einspänner«, der dem Staat, der Heimat, dem Freundeskreis, ja selbst der engeren Familie nie mit ganzem Herzen angehört hat, sondern all diesen Bindungen gegenüber ein nie sich legendes Gefühl der Fremdheit und des Bedürfnisses nach Einsamkeit empfunden hat, ein Gefühl, das sich mit dem Lebensalter noch steigert. Man empfindet scharf, aber ohne Bedauern die Grenze der Verständigung und Konsonanz mit anderen Menschen. Wohl verliert ein solcher Mensch einen Teil der Harmlosigkeit und des Unbekümmertseins, aber er ist dafür von den Meinungen, Gewohnheiten und Urteilen der Mitmenschen weitgehend unabhängig und kommt nicht in die Versuchung, sein Gleichgewicht auf solch unsolide Grundlage zu stellen.

Mein politisches Ideal ist das demokratische. Jeder soll als Person respektiert und keiner vergöttert sein. Eine Ironie des Schicksals, daß die andern Menschen mir selbst viel zuviel Bewunderung und Verehrung entgegengebracht haben, ohne meine Schuld und ohne mein Verdienst. Es mag wohl von dem für viele unerfüllbaren Wunsch herrühren, die paar Gedanken zu verstehen, die ich mit meinen schwachen Kräften in unablässigem Ringen gefunden habe. Ich weiß zwar sehr wohl, daß es zur Erreichung jedes organisatorischen Zieles nötig ist, daß einer denke, anordne und im Großen die Verantwortung trage. Aber die Geführten sollen nicht gezwungen sein, sondern den Führer wählen können. Ein autokratisches System des Zwanges degeneriert nach meiner Überzeugung in kurzer Zeit. Denn Gewalt zieht stets moralisch Minderwertige an, und es ist nach meiner Überzeugung Gesetz, daß geniale Tyrannen Schurken als Nachfolger haben ... Als das eigentlich Wertvolle im menschlichen Getriebe empfinde ich nicht den Staat, sondern das schöpferische und fühlende Individuum, die Persönlichkeit: sie allein schafft das Edle und Sublime, während die Herde als solche stumpf im Denken und stumpf im Fühlen bleibt.

Bei diesem Gegenstand komme ich auf die schlimmste Ausgeburt des Herdenwesens zu reden: auf das mir verhaßte Militär! Wesen einer mit Vergnügen in Reih und Glied zu einer Musik marschieren kann, dann verachte ich ihn schon: er hat sein großes Gehirn nur aus Irrtum bekommen, da für ihn das Rückenmark schon völlig genügen würde. Diesen Schandfleck der Zivilisation sollte man so schnell wie möglich zum Verschwinden bringen. Heldentum auf Kommando, sinnlose Gewalttat und die leidige Vaterländerei, wie glühend hasse ich sie, wie gemein und verächtlich erscheint mir der Krieg. Ich möchte mich lieber in Stücke schlagen lassen, als mich an einem so elenden Tun beteiligen! Ich denke immerhin so gut von der Menschheit, daß ich glaube, dieser Spuk wäre schon längst verschwunden, wenn der gesunde Sinn der Völker nicht von geschäftlichen und politischen Interessenten durch Schule und Presse systematisch korrumpiert würde.

Das Schönste, was wir erleben können, ist das

Geheimnisvolle. Es ist das Grundgefühl, das an der Wiege von wahrer Kunst und Wissenschaft steht. Wer es nicht kennt und sich nicht mehr wundern, nicht mehr staunen kann, der ist sozusagen tot und sein Auge erloschen. Das Erlebnis des Geheimnisvollen – wenn auch mit Furcht gemischt – hat auch die Religion gezeugt. Das Wissen um die Existenz des für uns Undurchdringlichen, der Manifestationen tiefster Vernunft und leuchtendster Schönheit, die unserer Vernunft nur in ihren primitivsten Formen zugänglich sind, dies Wissen und Fühlen machen wahre Religiosität aus; in diesem Sinn und nur in diesem gehöre ich zu den tief religiösen Menschen. Einen Gott, der die Objekte seines Schaffens belohnt und bestraft, der überhaupt einen Willen hat nach Art desjenigen, den wir an uns selbst erleben, kann ich mir nicht einbilden. Auch ein Individuum, das seinen körperlichen Tod überdauert, mag und kann ich mir nicht denken; mögen schwache Seelen aus Angst oder lächerlichem Egoismus solche Gedanken nähren. Mir genügt das Mysterium der Ewigkeit des Lebens und das Bewußtsein und die Ahnung von dem wunderbaren Bau des Seienden sowie das ergebene Streben nach dem Begreifen eines noch so winzigen Teiles der in der Natur sich manifestierenden Vernunft.

Pierre Teilhard de Chardin
1881–1955

Der französische Anthropologe und Paläontologe, der dem Jesuitenorden angehörte, war seit den zwanziger Jahren an zahlreichen wissenschaftlichen Expeditionen beteiligt, u. a. nach China, wo er auch längere Zeit lebte. 1946 kehrte er nach Frankreich zurück, ab 1951 arbeitete er wissenschaftlich in den USA. Seine Verbindung von Evolutionsprinzip und christlicher Heilsgeschichte stieß zunächst auf den Widerstand der katholischen Kirche. Seine Schriften konnten deshalb erst nach seinem Tode erscheinen.

Der Glaube an das Leben

Unmittelbar neben diesem ersten Grundstein meines inneren Lebens – dem Primat des Bewußtseins – erkenne ich einen anderen, nämlich den Glauben an das Leben, das heißt die unerschütterliche Gewißheit, daß das in seiner Gesamtheit betrachtete Universum

a) ein Ziel hat,

b) sich weder im Wege täuschen, noch unterwegs stehenbleiben kann.

Einzeln genommen gelangt, leider!, nur ein lächerlich kleiner Teil der Elemente der Welt zum Ziel. Unbeirrt weigere ich mich, diese totale Kontingenz auf ihre Kollektivität auszudehnen. Ich kann nicht zugeben, daß das Universum scheitert. Ob dieses Privileg (die Sicherheit des Gelingens) einem providentiellen, transzendenten Tun zu verdanken sei – oder aber dem Einfluß einer dem Ganzen immanenten geistigen Energie (einer Seele der Welt) – oder aber der Art von Unfehlbarkeit, die, während sie sich den Einzelversuchen verweigert, den endlos vervielfachten Versuchen zu eigen ist (»Unfehlbarkeit der großen Zahlen«) – oder aber, ob es gleichzeitig im hierarchisierten Wirken dieser drei Faktoren gründet – das ist hier unwichtig. – Vor jeder Erklärung der Sache glaube ich an dieses Faktum: die Welt, wird sie als ein Ganzes genommen, ist ihrer sicher, daß sie ans Ziel kommt, das heißt (kraft des Prinzips 1), daß sie zu einem gewissen höheren Bewußtseinszustand gelangt.

Ich glaube es auf Grund einer Folgerung: wenn nämlich dem Universum bisher die unwahrscheinliche Arbeit gelungen ist, das menschliche Denken im Schoße dessen hervorzubringen, was uns als ein unvorstellbares Netz von Zufällen und schlechten Aussichten erscheint, so deshalb, weil es im Kern seiner selbst von einer – die es zusammensetzenden Elemente souverän beherrschenden – Kraft gelenkt wird. Ich glaube das auch, weil es mir nottut: denn könnte ich zweifeln an der allem standhaltenden Festigkeit der Substanz, in die ich hinein genommen bin, würde ich mich absolut verloren und verzweifelt fühlen. Ich glaube es schließlich und vielleicht vor allem aus Liebe; denn ich liebe das mich umgebende Universum zu sehr, als daß ich nicht zu ihm Vertrauen hätte.

Da die Welt gelingt (Prinzip 2), und da das Gelingen darin besteht, bewußter zu werden (Prinzip 1), komme ich, wie gerade gesehen, zu dem Schluß, daß das Universum in sich die Frucht eines gewissen Bewußtseins zur Reife bringt. Welches wesentliche Attribut muß diesem höheren Bewußtsein, dieser höheren Seinsweise zukommen, damit wir anerkennen können, daß es wirklich ein Gelingen sei? – Wir wollen von ihm verlangen, daß es einen *für immer* gewonnenen Status, das heißt eine absolute Vollkommenheit darstellt.

Tatsächlich, und das ist ganz klar, stellen sich 99 Menschen von 100 diese Frage niemals eindeutig: »Lohnt es die Mühe, zu leben?« Sie sehen darin kein Problem, weil das Leben sie noch automatisch mitreißt, wie es die unvernünftigen Wesen mitgerissen hat, die allein bis zum Menschen hin die Arbeit der Evolution geleistet haben. Doch das Problem existiert in Wirklichkeit, und es ist vorauszusehen, daß es sich der Menschheit mit wachsender Schärfe in dem Maße stellen wird, wie das von ihr verwirklichte Werk kostbarer und schwerer wird. Dürfen wir wirklich hoffen, ein dauerhaftes Werk zu vollbringen oder kneten wir einfach nur Asche? Mit der Intelligenz ist im Herzen der irdischen Welt ein furchtbares Vermögen, diese Welt zu kritisieren, aufgetreten. Die Tiere ziehen passiv und blind den recht schweren Karren des Fortschritts. Der Mensch seinerseits kann und muß, bevor er die gemeinsame Aufgabe fortsetzt, sich fragen, ob sich die Mühe lohnt, die sie verlangt: die Arbeit des Lebens und der Schrecken des Sterbens. Die einzige Entlohnung aber, die uns befriedigen könnte (ich rufe das loyale Nachdenken jedes Menschen zum Zeugen, der fähig ist, bis an den wahren Grund seiner selbst hinabzusteigen), ist die Garantie, daß das greifbare Ergebnis unserer Mühsal mit irgend etwas von ihm selbst in eine Wirklichkeit aufgenommen wird, wo weder Wurm noch Rost es zu erreichen vermöchten. Das hier ausgesprochene Erfordernis könnte maßlos erscheinen. Ich glaube jedoch, es ist für den Menschen absolut natürlich, weil ich es so deutlich in mir selbst lese, daß ich nicht zugeben kann, daß es von Rechts wegen in irgendeinem unter meinesgleichen fehle. Je mehr ich es bedenke, um so mehr sehe ich, daß ich psychologisch unfähig wäre, die geringste Anstrengung zu leisten, wenn ich nicht an den absoluten Wert von irgend etwas in diesem Bemühen glauben könnte. Beweisen Sie mir, daß eines Tages nichts mehr von meinem Werk übrig bliebe, weil es nicht nur einen Tod des Individuums und einen Tod der Erde, sondern auch einen Tod des Universums gibt – und Sie töten in mir die Triebkraft allen Tuns. Versprechen Sie meinem Sein Jahrtausende personalen Lebens oder übermenschlichen Nutzen in etwas Größerem als es selbst. Wenn am Ende dieses Zeitraums ihm die Vernichtung auflauert, so ist das genauso, wie wenn der Tod morgen über mich käme: ich würde nicht den kleinen Finger rühren, um besser zu werden. *Der freie Wille kann nur in Bewegung gesetzt werden,* und wäre es für die geringste Sache, *durch den Anreiz eines endgültigen Ergebnisses . . .,* das seinem Bemühen verheißen ist.

Und da ich gerade eben (Prinzip 2) nicht einräumen kann, die Welt sei schlecht konstruiert, physisch widersprüchlich, unfähig, den wesentlichen Hunger der Seienden zu nähren, die sie in ihrem Schoß hervorgebracht hat – lege ich mich so rückhaltlos auf die Gewißheit fest, daß das Leben in seiner Gesamtheit auf die Errichtung einer neuen und ewigen Erde zugeht.

Ferdinand Ebner
1882–1931

Der österreichische philosophische Schriftsteller war Volksschullehrer in Waldegg, später in Gablitz bei Wien. Seine Aufsätze veröffentlichte er seit 1920 in der Kulturzeitschrift »Der Brenner«. 1921 erschien sein Hauptwerk »Das Wort und die geistigen Realitäten«. Die hier abgedruckten Notizen hat Ebner im Juni 1909 und im Dezember 1910 niedergeschrieben. Sie wurden erst im Rahmen der dreibändigen Gesamtausgabe seiner »Schriften« im Jahre 1963 veröffentlicht.

Zwischen Hingabe und Selbstbehauptung

Im Glauben auch nur die leiseste psychische Passivität erkennen wollen, heißt das Wesen des Glaubens im tiefsten mißverstehen. Denn der Glaube ist nicht nur die höchste, er ist die reinste Aktivität der Seele, rein von innen herausquellende, durch nichts, auch nicht durch Zeichen und Wunder, von außen bestimmte Aktivität. Im Glauben an Gott ist Gott nicht etwas irgendwie außerhalb des gläubigen Menschen Stehendes, dem gegenüber dieser sich irgendwie passiv, rezeptiv, empfangend verhält, sondern der Glaube an Gott ist das Unmittelbar-Lebendigwerden Gottes im Menschen selbst, das Wirken Gottes aus dem innersten und letzten Wesenskerne des Menschen unmittelbar heraus. Es gibt keinen Glauben ohne Werke, denn Glaube und Werk, Glauben und Wirken, Schaffen sind eins. Der Satz, daß der Glaube ohne Werke tot sei, ist daher ein ganz überflüssiger, der seine Existenz nur dem Mißverstehen des tiefsten Wesens im Glauben verdankt. Wohl aber gibt es Werke ohne den Glauben.

Das Erkennen kann einerseits zur Negation des Seins werden – man ist das nicht wirklich mehr, was man vollständig in sich erkannt hat. Wird aber andrerseits das Erkennen zum Anerkennen, so liegt kein reines Erkennen mehr vor, sondern bereits der Akt des Glaubens, des Schaffens, des »Sich-selbst-

Setzens«. Man steht in Wahrheit nie unter dem und ist ihm nicht subsumiert, was man anerkennt. Man kann nur irgend etwas anerkennen, wenn man selber etwas ist, man kann den Wert von irgend etwas nur dann anerkennen, wenn man in sich selber einen Wert repräsentiert. So ist ja auch der Glaube an Gott zuletzt nichts anderes als ein Sichselbst-Setzen.

Glaube ist tiefste und reinste Spontaneität. Glaube und Wirklichkeit sind nicht von einander zu trennen. Mit dem Glauben ist die Wirklichkeit gegeben und mit der Wirklichkeit der Glaube, nicht aber als deren Wirkung im Menschen. Genau so, wie mit dem Glauben Gott gegeben ist und mit Gott der Glaube – genau so wie mit dem Glauben das Selbst, die Seele, gegeben ist und das Selbst, die Seele, mit dem Glauben. Niemals aber ist der Glaube Wirkung Gottes oder des Selbstes, der Seele, im Menschen. Glaube als bloße Rezeptivität, auch der Glaube an Gott, der Glaube an sich selbst, ist Aberglaube. (Der Glaube des Juden, der nach Zeichen und Wundern verlangt, daß er glauben könne.)

Das Schaffen kann zum Schauen werden. Und wird zum Schauen. Der Gläubige, der in seinem Glauben Gott schafft, er wird zum Schauenden Gottes.

Wer wahrhaft an Gott glaubt – und für den ist Gott eine absolute Wirklichkeit, niemals eine bloße Möglichkeit, die »nur« geglaubt wird – fühlt und denkt sich der Mensch nicht als ein Geschöpf Gottes?

So wenig der Mensch der objektiven Natur gegenüber, als deren Geschöpf er sich denkt, aufhört, sich als Schaffender zu fühlen, Schaffender zu sein, ebensowenig fühlt sich der wahrhaft Gottgläubige restlos als nichts denn ein von Gott Geschaffener. Niemals bedeutet ihm der Glaube, daß er ein Geschöpf, ein Kind Gottes sei, die Abwälzung der Verantwortlichkeit für sich auf Gott.

Daß Gott die Welt liebt, das ist die tiefste Lehre über das Verhältnis des Göttlichen zur Welt. In diesem Sinne vor allem muß man es verstehen, wenn man Gott den Schöpfer der Welt nennt. Denn wenn schon jede wahre menschliche Liebe in sich schöpferisch ist, wie viel mehr muß es dann die göttliche sein!

Was im Menschen erzeugt jenen in aller Not und allem Leiden unerschütterlich festgehaltenen Wert des Lebens, wie er den wahrhaft Religiösen durchdringt, wenn nicht wieder das Leben selbst? Das Leben, das mit einemmale aus seinen tiefsten und verborgensten Quellen im Menschen emporsteigt und sich erhalten will.

»Das Himmelreich in uns«, das ist am Ende eine über alle Not und alles Leiden des Daseins triumphierende Bejahung und Selbstwertung eines Lebens, das, vom Gattungsinstinkte verlassen, keine Zukunft mehr hat.

Ist Religion im letzten Grunde etwas anderes als das innere Verhältnis vertrauensvoller Hingabe des Einzelnen zu dem außer ihm Bestehenden, aber nicht zur Gattung, sondern zum Universum – und das in dieser Hingabe innerliche Sich-selbst-Behaupten des Einzelnen? Und eben in diesem Sinne ist das Christentum *die* Religion. Kann aber eine derartige Hingabe und die in ihr liegende innere Selbstbehauptung des Einzelnen in etwas anderem wurzeln als im inneren und innersten Anteilhaben des Menschen am Leben?

Es gibt einen moralischen Glauben an Gott und einen ethischen Glauben ans Göttliche. Beides ist keineswegs ein und dasselbe. Jener ist Glaube an Gott als den letzten Richter, dem keiner entrinnt, über Gut und Böse im moralischen Sinne; d. h. über dasjenige, was aus Gründen des Zusammenlebens der Menschen notwendigerweise als gut oder böse bewertet wird. Der moralische Glaube an Gott ist oft nichts anderes als die letzte Zufluchtsstätte des Gattungsinstinktes in der Not des Lebens. Der ethische Glaube ans Göttliche ist höchstgesteigerter, allen Nöten und Leiden trotzender Glaube ans Leben, an den Wert des individuellen Lebens.

Es gibt einen Glauben an Gott als den Baumeister dieser Welt und einen Glauben an das schöpferische, lebenschaffende, organisierende Walten des Göttlichen im Universum, an »die schöpferische Natur von allem und in allem, was ist« (Johannes Scotus Eriugena). Und wieder ist beides nicht ein und dasselbe.

Man kann an Gott glauben und den Materialismus doch nicht losgeworden sein. Derjenige, der sich den Weltenschöpfer als einen unendlich geschickten Mechaniker denkt, ist doch immer noch auch als Gottgläubiger im letzten Grunde seiner Seele Materialist.

Der Glaube an das Göttliche, der ja in seinem letzten Wesensgrunde nichts anderes ist als gesteigerter Glaube ans Leben, geht aus der Vertiefung und Verinnerlichung des Lebens als geistige Frucht hervor. In ihm wächst das individuelle Leben aus dem innersten Kern seines Wesens über sich selbst hinaus ins Universelle und tritt in ein aktives Verhältnis zur Idee des Universums als Kosmos.

Paul Tillich
1886–1965

Der deutsche Religionsphilosoph und evangelische Theologe lehrte an mehreren Universitäten in Deutschland, zuletzt ab 1929 in Frankfurt am Main. 1933 mußte er in die USA emigrieren. Bis 1955 war er Professor am Union Theological Seminary in New York, danach in Harvard und Chicago. Zu seinen Hauptwerken gehören: »Der Protestantismus – Prinzip und Wirklichkeit« (1950), »Systematische Theologie – Band 1–3« (ab 1955) und »Der Mut zum Sein« (1953). 1962 erhielt er den Friedenspreis des Deutschen Buchhandels. Der folgende Text ist ein Abschnitt aus einer seiner »Religiösen Reden«, die in seinem letzten Lebensjahrzehnt entstanden.

Das Ewige im Jetzt

Selbst wenn die Menschheit sich und die Erde morgen vernichtete, wäre das Dasein unserer Erde und des Menschen auf ihr nicht vergeblich gewesen. Es hätte einmal innerhalb Millionen von Jahren im Universum ein Wesen gegeben, nach dessen Verwirklichung alle Lebenskräfte der Erde gestrebt hatten, ein Wesen, in dem der göttliche Grund allen Lebens als Gestalt gegenwärtig war. Wenigstens dies eine Mal hätte ein Wesen gelebt, in dem das Leben seine höchste Möglichkeit verwirklichte: Geist zu sein. Hierin liegt die Größe des Menschen, und die, die heimlich oder offen das Leben anklagen, sollten auf seine Rechtfertigung hören: In unserer kurzen Lebensspanne, in der kurzen Menschheitsgeschichte und in der kurzen Dauer dieser Erde hat sich einmal etwas von unendlicher Bedeutung ereignet: Der tiefe Grund allen Lebens hat sich in *einem* Wesen manifestiert, und der Name dieses Wesens ist Mensch, und du bist ein Mensch. Wer diese Antwort nicht gelten läßt, da sie zwar eine Möglichkeit, aber keine Wirklichkeit enthalte, und wer darauf besteht, daß die Menschheit sündig und die Erde verseucht sei von der Schuld des Menschen, daß das Blut der Ermordeten um Rache gen Himmel schreie, so daß selbst Gott bereuen mußte, den Menschen geschaffen zu haben, der sei an die Worte der Bibel erinnert: »Noah aber fand Gnade vor dem Herrn«. Noah steht für das in jedem Menschen, was ihn trotz Sünde und Entfremdung zum Ebenbild Gottes macht. Die christliche Botschaft geht hierüber noch hinaus und bezeugt die Erscheinung eines Menschen, in dem Gott sein Ebenbild rein und unverdorben fand. Er vertritt die gesamte Menschheit, und deshalb ist er der Menschensohn und der Christus genannt. Die Erde, die durch den Menschen verseucht ist, wird durch den Menschen gereinigt und geheiligt, durch den Menschen, in dem die göttliche Kraft der Heilung und Erfüllung, der Liebe und der Gnade wirklich geworden ist. Diese Kraft lebt in allen Menschen zu allen Zeiten und an allen Orten. Sie rechtfertigt die Menschheitsgeschichte, sie rechtfertigt die Erde, die in Millionen von Jahren die Ankunft des Menschen vorbereitete, und sie rechtfertigt das Universum, das unsere Erde hervorbrachte.

Aber das Universum ist nicht nur durch die Erde und die Schöpfung, nicht nur durch den Menschen gerechtfertigt. Andere Himmelskörper, eine andere Geschichte und andere Geschöpfe, in denen das Geheimnis des Seins Gestalt wird, können den Menschen, seine Geschichte und unsere Erde ersetzen. Unser Unwissen und unsere Vorurteile dürfen unsere Gedanken nicht daran hindern, über unsere Erde, unsere Geschichte und selbst unser Christentum hinauszugehen. Die Naturwissenschaften und die dichterische Phantasie haben diesen Schritt getan. Das Christentum darf nicht vor ihm zurückscheuen. Es muß vielmehr darauf hinweisen, daß die christliche Erfahrung von der göttlichen Allmacht die Unerschöpflichkeit der göttlichen Schöpferkraft einschließt, die über die Grenzen des Menschen, der Erde und des uns bekannten Universums unendlich hinausgeht.

Das bedeutet, daß wir Anfang und Ende der Welt nicht in der Vergangenheit und in der Zukunft der meßbaren Zeit suchen dürfen. »Anfang« und »Ende« sind nicht hinter oder vor uns, sondern über uns im Ewigen. Von ihm kommt und zu ihm geht alles Leben in jedem Augenblick der Menschheitsgeschichte und der Geschichte der Erde und des Weltalls. Schöpfung ist Ereignis in Vergangenheit *und* Gegenwart, Erfüllung ist zukünftig *und* gegenwärtig. In der Gegenwart fallen Vergangenheit und Zukunft zusammen, denn sie beide kommen aus der Ewigkeit und führen zu ihr hin.

Die Frage nach dem Menschen und seiner Erde, diese Frage, die unser Leben und Denken in Angst und Widersprüche gestürzt hat, kann keine Antwort finden, solange wir der Gegenwart des Ewigen nicht gewahr sind. Denn nur das Ewige kann uns aus dem Gefühl der Nichtigkeit angesichts des Raums und der Zeit erlösen. Nur das Ewige kann uns von der Angst befreien, als sinnloses Stück Materie im sinnlosen Wirbel der Atome und Elektronen unterzugehen. Nur das Ewige kann uns die Gewißheit geben, daß Mensch und Erde nicht vergeblich sind – selbst dann nicht, wenn die Geschichte morgen zu Ende sein sollte. Denn das letzte Ende ist da, wo der erste Anfang ist, in ihm, für den »tausend Jahre sind wie der Tag von gestern«.

Henry Miller
1891–1980

Der amerikanische Schriftsteller aus Brooklyn ging 1930 nach Paris und lebte dort in ärmlichsten Verhältnissen. Hier erschien 1934 sein erster, stark autobiographisch gefärbter Roman »Wendekreis des Krebses«, der wegen seiner rückhaltlosen Offenheit im Sexuellen wie viele seiner anderen Bücher in den USA erst nach 1960 publiziert werden durfte. 1939 besuchte er Griechenland, danach kehrte er in die Vereinigten Staaten zurück. Später lebte er in Big Sur an der kalifornischen Küste. Die hier wiedergegebenen Texte entstanden nach dem Zweiten Weltkrieg.

Das Ziel des Lebens ist das Leben

Das Leben geht weiter, gleichgültig ob wir als Feiglinge oder als Helden handeln. Das Leben hat uns, wenn wir uns das nur merken wollten, keine andere Lehre zu erteilen, als es fraglos hinzunehmen. Alles, vor dem wir unsere Augen verschließen, vor dem wir davonlaufen, alles, was wir verleugnen, anschwärzen oder verachten, wird schließlich zu unserer Niederlage beitragen. Was scheußlich, schmerzlich oder übel erscheint, kann ein Quell der Schönheit, Freude und Kraft werden, wenn wir ihm mit aufgeschlossenem Geist gegenübertreten. Jeder Augenblick führt für den, der die Gabe hat, ihn zu erkennen, Gold im Munde. Das Leben geht jetzt vor sich, in jedem Augenblick, mag die Welt auch voll von Tod sein. Der Tod triumphiert nur im Dienst des Lebens.

So eigenartig es heutzutage anmuten mag, so etwas zu sagen – das Ziel des Lebens ist das Leben, und Leben heißt, bewußt zu sein, freudig, trunken, heiter, göttlich bewußt zu sein. In diesem Zustand göttergleicher Bewußtheit singt man; in diesem Stadium erscheint die Welt als Gedicht. Kein Warum und Weswegen, keine Richtung, kein Ziel, kein Streben, keine Entwicklung. Unergründlich wie der Chinese, ist man hingerissen von dem stets wechselnden Schauspiel vorbeiziehender Phänomene. Das ist der sublime, der amoralische Zustand des Künstlers, der nur dem Augenblick lebt, dem visionären Augenblick äußerster, weitsichtiger Klarheit. So eine klare, eisige Gesundheit, daß man glaubt, verrückt zu sein. Durch die Kraft und die Macht der künstlerischen Vision wird das statische, synthetische Ganze, das man die Welt nennt, vernichtet. Der Künstler schenkt uns wieder eine starke, singende Welt, voll von Leben in allen ihren Teilen.

Hinter jeder Schöpfung steht der Glaube, der sie trägt wie ein Bogen. Begeisterung ist gar nichts: sie kommt und geht. Aber wenn man glaubt, dann geschieht das Wunder. Glaube hat nichts zu tun mit Profiten; wenn überhaupt, dann hat er mit Propheten zu tun. Menschen, die wissen und glauben, können in die Zukunft sehen. Sie wollen nichts über – sie wollen etwas unter uns ziehen. Sie wollen unseren Träumen festen Halt geben. Die Welt wird nicht in Gang gehalten, weil sie ein Geschäftsunternehmen ist . . . Die Welt läuft weiter, weil einige Menschen in jeder Generation vorbehaltlos an sie glauben, sie unbestritten hinnehmen: sie unterschreiben sie mit ihrem Lebe. In dem Kampf, den sie sich selbstverständlich machen müssen, werden sie zu Musikern; indem sie die mißtönenden Elemente des Lebens in sich aufnehmen, verweben sie sie zu einem harmonischen und sinnvollen Muster. Ohne dieses ständige Bemühen einiger schöpferischer Charaktere, das Gefühl für die Wirklichkeit im Menschen zu vertiefen, würde die Welt buchstäblich aussterben. Wir werden nicht von Gesetzgebern und Militaristen am Leben erhalten, das ist klar. Wir werden am Leben erhalten von Menschen des Glaubens, von Menschen der visionären Kraft. Sie sind die Lebenskeime im endlosen Prozeß des Werdens. Schafft also Platz für die Lebensspender!

Max Horkheimer
1895–1973

Der deutsche Sozialphilosoph lehrte bis 1933 an der Universität in Frankfurt/M. und war Direktor des Instituts für Sozialforschung. 1934 emigrierte er in die USA, wo er zusammen mit anderen die Arbeit des Instituts fortsetzte. 1949 kehrte er an die Frankfurter Universität zurück. Er gehört zu den Begründern der sogenannten »Kritischen Theorie« und verfaßte zusammen mit seinem Freund Theodor W. Adorno das Buch »Dialektik der Aufklärung«. Die hier zitierte Notiz stammt aus dem Jahre 1956. Der ab Seite 141 folgende Text ist ein Auszug aus einem Gespräch, das Gerhard Rein 1972 mit Horkheimer geführt hat.

Die Nichtigkeit des Individuums

Angesichts der neuesten Astronomie, nach der die Erde nicht bloß keinem Mittelpunkt – und was wäre das schon –, sondern eher dem blitzschnell verglühenden Funken in einer Atomexplosion vergleichbar ist, erscheint die Zentrierung des Erlebens ums eigene Ich pure Idiotie. Nicht, daß die bewußten Vorstellungen – Re- und Protektionen, wie Husserl sagen würde, aufs Ich bezogen oder – nach Freud – vom Ich organisiert sind, steht in Frage – das ist ein Tatsachenproblem –, sondern was es für einen Sinn habe, meine Gefühle, Aspirationen, mein Weltverständnis, mein Glück und Unglück, Ehre und Schande, davon abhängig zu machen, was dem Empfindungs- und Atomkomplex, der meine Namenmarke trägt, in der Mikro-Wuselwelt zustößt, die menschliche Gesellschaft heißt. Dieser Unsinn ist nicht bloß ebenso überholt wie die geozentrische Weltansicht seit Kopernikus, sie ist schon seit Stoa und Boëtius schlechthin verrückt. Sie ist ebenso unangemessen wie die Meinung, die Erde sei nicht etwa der Mittelpunkt unseres Sonnensystems, sondern sie sei das Zentrum des Universums schlechthin. Der Schopenhauersche Gegengedanke im Beginn des zweiten Bandes der *Welt als Wille und Vorstellung*, daß doch das erkennende Subjekt die Voraussetzung, die

Bedingung der Vorstellung des Universums sei, daß die Welt *meine* Vorstellung ist, vermag gegen diese Einsicht gar nichts. Denn eben in dieser meiner Vorstellung erscheint es ja als verrückt, meinen Glauben, mein Glück und Unglück von dem abhängig zu machen, was – in meiner Vorstellung – als das Belanglose erkennbar ist. Denn das Subjekt der Erkenntnis, dem mein Individuum in derselben Nichtigkeit erscheint wie alle anderen, hat eben diese Nichtigkeit und Relativität in seine Reflexionen einzusetzen – und nach der Wahrheit sich zu richten, nicht nach dem Zufall, daß es mit *diesem* Individuum gerade verbunden ist. Die Taten und das Ergehen des eigenen Ichs als ausschlaggebendes Kriterium für Lust und Verzweiflung sind zwar äußerst suggestiv – wie Tiere können wir nicht davon loskommen, wie Tiere sind wir dieser Angst ausgeliefert, aber sie ist nicht logischer als die des Wilden vor der Sonnenfinsternis. Und das Tier hat uns dabei noch zweierlei voraus. Es kennt die Angst nur im Augenblick der Gefahr, und es kennt nur die Angst, nicht Ehre und Ruhm. Es ist nur Opfer der unmittelbaren Suggestion. Geist sollte – durch alle Vermittlungen der Erfahrung der gesellschaftlichen Gefühle hindurch – uns von jener letzten noch befreien, anstatt auch diese, die gesellschaftlichen Illusionen zu verstärken.

Die Wissenschaft macht nicht einmal nur den einzelnen, sondern im Grunde die ganze Menschheit zu etwas Vergänglichem – ich möchte fast sagen: angesichts der zahllosen Milchstraßen zu einem Nichts. Und daraus nun erwächst, daß das Leben auch heute nicht mehr durchdrungen ist von einem Sinn . . .

Wir dürfen nicht vergessen, daß die Welt bei vielen großen Denkern, ja schon bei Platon, aber erst recht bei Kant und Schopenhauer etwas Nichtiges war, Erscheinung war und daß der Sinn transzendent war, der Sinn des Lebens. In der Philosophie war es so, daß die Welt, in der wir leben – und das ist die Welt der Wissenschaft –, Welt der Erscheinung war, das heißt eine Welt, in der eigentlich die Ordnung und die Beschaffenheit, die Struktur, abhing von den intellektuellen Funktionen des Menschen, der zahlreiche Bewußtseins-Tatsachen unter Begriffe faßte, sie ordnete, damit er dann schließlich existieren konnte. Die Welt der Erscheinung ist eigentlich die dem Menschen gemäß vorgenommene Ordnung von Bewußtseins-Tatsachen und nicht etwa die schlichte Wahrheit. Dieser Sinn nun, der jenseits liegen soll – also nicht in der Welt –, dieser Sinn kam in der Religion zum Ausdruck, aber in der Religion durch das Dogma eines – in der europäischen Religion – allgütigen und allmächtigen Gottes. Es wurde also gesagt, daß das Grauen, das die bisherige Geschichte aufweist, dann später – das zeitliche Wort ist schon richtig – in irgendeiner Weise nicht das letzte Wort sein kann.

Das war die Hoffnung aller. Und durch Kant ist es

dann möglich geworden, diese Hoffnung, auch wenn man die Religion nicht unbedingt akzeptierte, festzuhalten, obwohl er schon verboten hat, in dieses jenseitige Reich auszuschweifen, weil unsere Begriffe dazu eben nicht ausreichen. Und nun habe ich vorgeschlagen, daß in dem Menschen das Bewußtsein des Unrechts wachgehalten werden muß. Und dieses Bewußtsein des Unrechts stammt – das wird heute viel zu oft vergessen – letzten Endes aus der Theologie, aus der Religion; denn dort heißt es: »Liebe deinen Nächsten wie dich selbst«, dort wird Gerechtigkeit als eine Forderung aufgestellt. Dem Menschen selbst, unabhängig von all dem, ist Ungerechtigkeit ursprünglich genauso nahe wie Gerechtigkeit. Soweit Gerechtigkeit eine Rolle spielt, ist sie durch die Funktion, die gesellschaftlich notwendige Funktion der Religion aufrechterhalten worden. Der Gedanke an die Gerechtigkeit! Nunmehr aber haben wir nichts mehr von einem Gebot, aber die Sehnsucht danach, daß es bei der Ungerechtigkeit nicht immer sein Bewenden haben möge. Und wir können diese Sehnsucht dadurch erklären und begründen, daß wir sagen: Die Welt, in der wir jetzt leben, ist eine Welt der Erscheinung, wir sehnen uns noch danach, daß es ein Anderes gibt. Mit Bestimmtheit sagen können wir es nicht.

Die Religion ist eigentlich schon seit der Renaissance, also seit dem Beginn des großen Fortschritts der Wissenschaft, im Gegensatz zu ihr. Und eine ganze Anzahl der Menschen – das ist eine Hypothese, ich kann das nicht beweisen –, die sich zum Glauben und zur Religion unbedingt bekannt haben, hatten irgendwo das Gefühl – im Gegensatz zu den früheren Zeiten, also zu Zeiten, in denen die Religion ebenso selbstverständlich war wie das Wissenschaftliche –, hatten irgendwie doch einen Zweifel, den sie verdrängt haben, weil sie jetzt nicht mehr wie einst es für selbstverständlich halten konnten, daß diese Welt von einem gütigen, allmächtigen Gott regiert werde, daß diese Welt gewissermaßen der Mittelpunkt sei und insbesondere von Gott geschaffen wäre. Das haben sie eigentlich im Grunde auch bezweifelt, ohne daß ihnen der Zweifel bewußt war. Ich habe immer betont, Religion ist nur überhaupt denkbar mit dem Zweifel. Und diese Verdrängung des Zweifels hat die Aggression erzeugt und das Grauenvolle, was sich auf die Religion berufen hat.

Infolgedessen meine ich, daß wir zwar festhalten müssen, daß unendlich wichtige Begriffe, Gefühle, Gedanken in dem Theologischen ihre Wurzeln haben, es aber andererseits heute nicht mehr als ein Dogma zu akzeptieren ist. Es bleibt die Sehnsucht – nicht nach dem Himmel, aber doch die Sehnsucht, daß diese grauenvolle Welt nicht das einzig Wahre sei, die Sehnsucht nach Gerechtigkeit, nicht das Dogma, daß es einen Gott gibt, der sie vollzieht.

Adolf Portmann
1897–1982

Der Anthropologe und Zoologe war bis zu seiner Emeritierung ordentlicher Professor und Direktor der zoologischen Universitätsanstalt in Basel. Weltruf erlangte er mit seiner »Einführung in die vergleichende Morphologie der Wirbeltiere« (1948). Später traten zunehmend anthropologische Probleme in den Mittelpunkt seines Denkens und Forschens. Der folgende Text ist ein Auszug aus einer Rektoratsrede, die er 1947 an der Universität Basel gehalten hat.

Das Feld des Humanen ist offen

Die Lebensforschung wird mit ihren Mitteln bestrebt sein, das Bild unserer Daseinsform zu bereichern. Sie wird aber dabei wissen, daß sie selber das Gesamte, in dem allein die Einzelfunde verstanden werden können, nicht aus ihrer eigenen Arbeitsweise voll zu erfassen vermag. So muß sie trachten, in Gemeinschaft mit Anderen das Ganze unserer Daseinsform, soweit es Menschen zugänglich ist, mit den weitesten Mitteln des ganzen Denkens zu entwerfen.

Dieser rings ausschauenden Beobachtung zeigt sich aber das Menschliche in zwei Aspekten, von denen man den einen gerne etwa mit dem positiven Vorzeichen ausschließlich als das Humane taxiert, während man den andern negativ wertet, ihn als das Unmenschliche benennt, obwohl er nicht weniger menschlich ist. Für eine Betrachtung, die wahrhaft orientieren soll, müssen wir uns frei halten von dem durch starke Tradition gefestigten Gebrauch, der das Wort human meist in der Gegenstellung gegen das Barbarische, gegen das Ungebildete oder das Brutale, gesehen hat. Wie sehr sich der Gedanke zunächst auch dagegen auflehnen mag, so muß uns der Begriff des Humanen das Unmenschliche mit umschließen. Wir müssen die Anstrengung leisten, beide Möglichkeiten im weiten Bereich des menschlichen Lebens zunächst einmal ohne Wertung in ihrer gewaltigen Macht zu sehen. Die Potenz des Inhumanen läßt sich nicht etwa durch Herleitungsversuche einfach mit dem Tierischen als dem »Brutalen« zusammenbringen und so mit dem Anschein von Objektivität abwerten. Es erscheint als ein in allen Beziehungen vollwertiges Glied von uns selbst; es ist mitten in uns drin und ein Faktum von furchtbarem Ernst.

Es ist um so notwendiger, beides zusammen zu sehen in einem Felde der menschlichen Spannungen, das Humane wie das Inhumane – weil ja die Wertung wirklich nicht von der biologischen Besinnung vollzogen wird.

Die Entwicklungsweise des Menschen mit der eigenartigen Offenheit unserer nicht instinktgebundenen Anlagen, mit der frühen Möglichkeit der Wahl und Entscheidung im Sozialkontakt – diese originale, nur uns gegebene Entwicklungsform ist der späteren Offenheit eines stets ungesicherten, stets unentschiedenen Daseins zugeordnet. So liegt das Faktum der Entscheidungsfreiheit durch die Art der Anlage noch im Horizont der biologischen Ansicht vom Menschen. Der Hang nach Bindungen mag oft aus der Furcht vor solcher Freiheit stammen – doch auch dies Suchen nach Bindungen geschieht aus der ursprünglichen Möglichkeit zur Freiheit. Das Feld des Humanen ist nach allen Seiten weit offen, und es ist die erste Aufgabe der Erforschung unserer Daseinsart, diese Weite der Entscheidungsfreiheit zu sehen.

Mit einer solchen Haltung ist selbst auch schon eine Entscheidung getroffen, eine Art des Daseins gewählt worden. Die Führung des Lebens ist in die Hand genommen worden – wir sind in das Reich der Wertung eingetreten. Das biologische Forschen vermag manche Grundlagen unserer weltoffenen Lebensform aufzuzeigen; die Entscheidungen selber, auch die zum Forschen aufrufenden, entstammen aber einer Sphäre jenseits dessen, was mit biologischen Arbeitsweisen faßbar ist.

Der biologische Versuch zum Erkennen dieser Lebensform trachtet jener Forderung nachzuleben, die schon in frühen Zeiten des Denkens um den Menschen gestellt worden ist – sie sucht vom Gegenstand ihrer Forschung groß zu denken. Sie sucht, fern von jeder Überheblichkeit, den Menschen in seinen Grenzen, doch auch in der Weite seiner Möglichkeiten zu sehen, sie will ihn als Menschen verstehen im Glücken sowohl wie im Verfehlen seines Daseins.

Ob wir aber ein Leben als geglückt oder verfehlt taxieren, das ruht in Entscheidungen, für die wir keinerlei Begründungen aus der Beobachtung der außermenschlichen Natur zur Klärung des Urteils herbeiziehen können.

Ob ein Evolutionsprozeß, eine Mutation im tierischen oder im pflanzlichen Leben richtig ist oder falsch, darüber entscheidet – falls solche Worte überhaupt noch einen Sinn haben sollen – die Erhaltung, die Bewährung in der steten Gefährdung des nackten Lebens: es entscheidet der Erfolg. Ob indessen ein menschliches Dasein geglückt sei oder verfehlt, darüber wird nie und nimmer die bloße Erhaltung, die machtmäßige Behauptung, niemals einfach der Erfolg entscheiden. Es entscheidet ein Reich der Werte darüber, wie unser Tun letztlich beurteilt werden soll.

Aber in diesem Reich der Werte ist eine Revolution von unabsehbaren Folgen im Gange. Ein Teil dieser Revolution ist ja gerade der Versuch, die Maßstäbe für das menschliche Tun im außermenschlichen Leben, in biologischen Gesetzen zu suchen. Der Kampf um neue Formen des Zusammenlebens in der Gemeinschaft der Menschen ist in vollem Gange. Wir alle treiben passiv oder tätig, bewahrend oder umstürzend, einer neuen Zuordnung des Einzelnen zur Gemeinschaft entgegen. Die biologische Arbeit wirkt bei diesem Suchen nach neuen Formen mit, indem sie eine möglichst reine und umfassende Ansicht vom Humanen durch ihr wissenschaftliches Streben herausstellen hilft.

Doch leistet die Lebensforschung nur einen Teil des Wissens, dessen der Mensch im Ganzen von sich selber fähig ist. Die Biologie kann daher ihrer Anlage nach auch nicht die Maßstäbe liefern, nach denen die Führung unseres Daseins sich richten könnte. Gerade wer selber seine Arbeit biologischem Forschen widmet, muß mit aller Deutlichkeit dazu stehen, daß wir Menschen den Mut finden müssen, unsere Entscheidungen im Reich der Werte zu suchen und die Parolen für die Führung des Daseins nicht aus dem Felde des Vitalen zu holen.

Bertolt Brecht
1898–1956

Der deutsche Dramatiker hatte seinen ersten großen Erfolg 1928 mit »Die Dreigroschenoper«. 1933 emigrierte Brecht nach Skandinavien, in die USA kam er 1941. 1947 kehrte er nach Europa zurück und leitete ab 1949 die Theatergruppe »Berliner Ensemble« in Ost-Berlin. Unter seinen zahlreichen Dramen wurden besonders bekannt »Mutter Courage und ihre Kinder« und »Der gute Mensch von Sezuan«. Sein Werk umfaßt außerdem zahlreiche erzählende und literaturtheoretische Schriften sowie den Roman »Die Geschäfte des Herrn Julius Cäsar« und Gedichte.

Lob des Zweifels

Gelobt sei der Zweifel! Ich rate euch, begrüßt mir
Heiter und mit Achtung den
Der euer Wort wie einen schlechten Pfennig prüft!
Ich wollte, ihr wäret weise und gäbt
Euer Wort nicht allzu zuversichtlich.

Lest die Geschichte und seht
In wilder Flucht die unbesieglichen Heere.
Allenthalben
Stürzen unzerstörbare Festungen ein und
Wenn die auslaufende Armada unzählbar war
Die zurückkehrenden Schiffe
Waren zählbar.

So stand eines Tages ein Mann
   auf dem unbesteigbaren Berg
Und ein Schiff erreichte das Ende des
Unendlichen Meers.

O schönes Kopfschütteln
Über der unbestreitbaren Wahrheit!
O tapfere Kur des Arztes
An dem rettungslos verlorenen Kranken!

Schönster aller Zweifel aber
Wenn die verzagten Geschwächten

den Kopf heben und
An die Stärke ihrer Unterdrücker
Nicht mehr glauben!

O, wie war doch der Lehrsatz mühsam erkämpft!
Was hat er an Opfern gekostet!
Daß dies so ist und nicht etwa so
Wie schwer wars zu sehen doch!
Aufatmend schrieb ihn ein Mensch eines Tages
in das Merkbuch des Wissens ein.

Lange steht er vielleicht nun da drin
und viele Geschlechter
Leben mit ihm und sehn ihn als ewige Weisheit
Und es verachten die Kundigen alle,
die ihn nicht wissen.
Und dann mag es geschehn, daß ein Argwohn
entsteht, denn neue Erfahrung
Bringt den Satz in Verdacht. Der Zweifel
erhebt sich.
Und eines anderen Tags streicht ein Mensch
im Merkbuch des Wissens
Bedächtig den Satz durch.

Von Kommandos umbrüllt, gemustert
Ob seiner Tauglichkeit von bärtigen Ärzten
inspiziert
Von strahlenden Wesen mit goldenen Abzeichen,
ermahnt
Von feierlichen Pfaffen, die ihm ein von Gott selber
verfaßtes Buch um die Ohren schlagen

Belehrt
Von ungeduldigen Schulmeistern steht der Arme
und hört
Daß die Welt die beste der Welten ist und daß
das Loch
Im Dach seiner Kammer von Gott selber geplant ist.
Wirklich, er hat es schwer
An dieser Welt zu zweifeln.

Schweißtriefend bückt sich der Mann, der das Haus
baut, in dem er nicht wohnen soll.
Aber es schuftet schweißtriefend auch der Mann,
der sein eigenes Haus baut.
Da sind die Unbedenklichen, die niemals zweifeln.
Ihre Verdauung ist glänzend, ihr Urteil ist
unfehlbar.
Sie glauben nicht den Fakten, sie glauben nur sich.
Im Notfall
Müssen die Fakten dran glauben. Ihre Geduld mit
sich selber
Ist unbegrenzt. Auf Argumente
Hören sie mit dem Ohr des Spitzels.

Den Unbedenklichen, die niemals zweifeln
Begegnen die Bedenklichen, die niemals handeln.
Sie zweifeln nicht, um zur Entscheidung
zu kommen, sondern
Um der Entscheidung auszuweichen. Köpfe
Benützen sie nur zum Schütteln.
Mit besorgter Miene
Warnen sie die Insassen sinkender Schiffe
vor dem Wasser.
Unter der Axt des Mörders

Fragen Sie sich, ob er nicht auch ein Mensch ist.
Mit der gemurmelten Bemerkung
Daß die Sache noch nicht durchforscht ist,
 steigen sie ins Bett.
Ihre Tätigkeit besteht in Schwanken.
Ihr Lieblingswort ist: nicht spruchreif.
Freilich, wenn ihr den Zweifel lobt
So lobt nicht
Das Zweifeln, das ein Verzweifeln ist!

Was hilft Zweifeln können dem
Der nicht sich entschließen kann!
Falsch mag handeln
Der sich mit zu wenigen Gründen begnügt
Aber untätig bleibt in der Gefahr
Der zu viele braucht.

Du, der du ein Führer bist, vergiß nicht
Daß du es bist, weil du an Führern gezweifelt hast!
So gestatte den Geführten
Zu zweifeln!

Erich Fromm
1900–1980

Der deutsche Psychoanalytiker und Sozialphilosoph mußte 1933 aus Deutschland emigrieren. Er ging zunächst an das Psychoanalytische Institut in Chicago, dann nach New York (Columbia University). Von 1955 bis 1968 war er Direktor der psychoanalytischen Abteilung an der Medizinischen Fakultät der Nationaluniversität von Mexiko. Von seinen zahlreichen Publikationen wurden besonders bekannt »Haben oder Sein« und »Die Kunst des Liebens«. Die folgenden Abschnitte entstammen seinem Buch »Jenseits der Illusionen«, das in deutscher Sprache erstmals 1967 erschienen ist.

Credo

Ich glaube, daß der Mensch das Produkt einer natürlichen Evolution ist; daß er Teil der Natur ist und sie trotzdem transzendiert, weil er mit Vernunft und dem Bewußtsein seiner selbst begabt ist.

Ich glaube, daß das Wesen des Menschen ermittelbar ist. Dieses Wesen ist jedoch keine Substanz, die den Menschen während des gesamten Verlaufs seiner Geschichte in jeder Epoche charakterisiert. Das Wesen des Menschen besteht in dem oben erwähnten, seiner Existenz inhärenten Widerspruch, und dieser Widerspruch zwingt ihn zu Reaktionen, um eine Lösung zu finden. Der Mensch kann sich dieser existentiellen Dichotomie gegenüber nicht neutral und passiv verhalten. Allein durch die Tatsache, daß er ein Mensch ist, stellt ihm das Leben die Frage: Wie ist die Spaltung zwischen ihm und der Welt außerhalb von ihm zu überwinden, um zu dem Erlebnis der Einheit und des Einsseins mit seinen Mitmenschen und mit der Natur zu gelangen? Diese Frage muß der Mensch in jedem Augenblick seines Lebens beantworten. Er muß es nicht nur – und nicht einmal in erster Linie – mit Gedanken und Worten tun, sondern durch die Art seines Lebens und Handelns.

Ich glaube, daß es eine Anzahl begrenzter und ermittelbarer Antworten auf diese Existenzfrage gibt (die Geschichte der Religion und der Philosophie ist ein Katalog solcher Antworten); es gibt jedoch im wesentlichen nur zwei Kategorien von Antworten. Entweder versucht der Mensch dadurch zu einer neuen Harmonie mit der Natur zu gelangen, daß er zu einer vormenschlichen Existenzform regrediert und sich seiner spezifisch menschlichen Eigenschaften von Vernunft und Liebe entäußert. Oder sein Ziel ist die volle Entfaltung seiner menschlichen Kräfte, bis er zu einer neuen Harmonie mit seinen Mitmenschen und mit der Natur gelangt.

Ich glaube, daß die erste Antwort zum Scheitern verurteilt ist. Sie führt zu Tod, Zerstörung und Leid und niemals zum vollen Wachstum des Menschen, niemals zu Harmonie und Kraft. Die zweite Antwort verlangt, daß wir unsere Gier und Egozentrik aufgeben, sie erfordert Disziplin, einen festen Willen und Achtung vor denen, die uns einen Weg zeigen können. Wenn diese Lösung auch die schwierigere ist, so ist sie doch die einzige, die nicht zum Scheitern verurteilt ist. Die Mühe und Anstrengung, die sie kostet, wirkt einigend und integrierend und stärkt die Lebensenergie bereits vor dem Erreichen des Endziels.

Ich glaube, daß die grundlegende Alternative des Menschen die Wahl zwischen Leben und Tod ist. Bei allem, was der Mensch tut, muß er diese Wahl treffen. Bei der Wahl ist er frei, allerdings nur in begrenztem Maß. Es gibt zahlreiche günstige und ungünstige Bedingungen, die ihn beeinflussen: seine psychologische Konstitution, die speziellen Bedingungen der Gesellschaft, in die er hineingeboren wurde, seine Familie, seine Lehrer und die Freunde, denen er begegnet und die er sich auswählt. Es ist seine Aufgabe, seinen Raum der Freiheit zu erweitern und sich um Bedingungen zu bemühen, die zum Leben und nicht zum Tode führen. Mit Leben und Tod meine ich keinen biologischen Zustand, sondern einen Zustand des Seins, in dem die Art der Beziehung zur Welt zum Ausdruck kommt. Leben bedeutet ständige Veränderung, immerwährende Geburt. Tod bedeutet Aufhören des Wachsens, Verknöcherung, Wiederholung. Es ist das traurige Los vieler Menschen, daß sie keine Wahl treffen. Sie sind weder lebendig noch tot. Das Leben wird ihnen zur Last, zu einem ziellosen Unterfangen, und ihre Geschäftigkeit ist eine Schutzmaßnahme gegen die Qual, ein Schattendasein zu führen.

Ich glaube, daß weder das Leben noch die Geschichte einen letzten Sinn hat, der seinerseits dem Leben des einzelnen Bedeutung verleihen oder sein Leiden rechtfertigen könnte. Angesichts der Widersprüche und Schwächen, die der Existenz des Menschen anhaften, ist es nur allzu natürlich, daß er nach einem »Absoluten« sucht, das ihm die Illusion der Gewißheit gibt und die Last der Konflikte, des Zweifels und der Verantwortung von seinen Schultern nimmt. Aber kein Gott, weder im theologischen noch im philosophischen noch auch im historischen Gewand, errettet oder verdammt den Menschen. Nur der Mensch allein kann für sein Leben ein Ziel und die Mittel zur Verwirklichung dieses Ziels finden. Er kann keine rettende letzte oder absolute Antwort finden, aber er kann nach einer Intensität, Tiefe und Klarheit des Erlebens streben, die ihm die Kraft verleiht, ohne Illusionen zu leben und frei zu sein.

Ich glaube, daß niemand seinen Mitmenschen »retten« kann, indem er die Entscheidung für ihn trifft. Was ein Mensch für den anderen tun kann, beschränkt sich darauf, ihm wahrheitsgetreu und liebend und frei von Sentimentalität oder Illusionen die Alternativen vor Augen zu stellen. Die Konfrontation mit den wahren Alternativen kann in einem Menschen alle verborgenen Energien wecken und ihn in die Lage versetzen, sich für das Leben und gegen den Tod zu entscheiden. Wenn er sich nicht für das Leben entscheiden kann, kann kein anderer ihm Leben einhauchen.

Ich glaube, daß es zwei Wege gibt, sich für das Gute zu entscheiden. Der erste ist der Weg der Pflichterfüllung und des Gehorsams gegenüber moralischen Geboten. Dieser Weg kann zum Ziel führen, doch sollte man bedenken, daß in Jahrtausenden höchstens eine Minderheit vielleicht gerade die Zehn Gebote halten konnte. Weitaus mehr Menschen haben Verbrechen begangen, wenn die Machthaber sie ihnen als Befehle geboten haben. Die andere Möglichkeit besteht darin, Geschmack daran zu finden, das Gute und Rechte zu tun und ein Gefühl dafür zu entwickeln, daß es einem wohltut. Ich meine damit nicht die Lust im Sinn von Bentham oder Freud, sondern das Gefühl einer gesteigerten Lebendigkeit, mit der meine Kräfte und meine Identität bestärkt werden.

Ich glaube, Erziehung bedeutet, daß man die Jugend mit dem Besten bekannt macht, was ihr die Menschheit hinterlassen hat. Wenn dieses Erbe auch großenteils in Worten überliefert ist, so kann es doch nur wirksam werden, wenn diese Worte in der Person des Lehrers und in der Praxis und Struktur der Gesellschaft Wirklichkeit werden. Nur die Idee, die »Fleisch wird«, kann einen Einfluß auf den Menschen ausüben; die Idee, die ein Wort bleibt, kann nur Worte ändern.

Ich glaube an die Vervollkommnungsfähigkeit des Menschen. Darunter verstehe ich, daß der Mensch sein Ziel erreichen *kann*, es aber nicht erreichen *muß*. Wenn jemand nicht das Leben wählen will und deshalb nicht weiterwächst, wird er unausweichlich destruktiv, ein lebender Leichnam. Das Böse und der Verlust des Selbst sind ebenso wirklich wie das Gute und die Lebendigkeit. Sie sind die sekundären Möglichkeiten des Menschen, wenn er sich nicht für seine primären Möglichkeiten entscheidet.

Ich glaube, daß der Mensch nur ausnahmsweise als Heiliger oder als Verbrecher geboren wird. Die meisten von uns besitzen sowohl Dispositionen zum Guten wie zum Bösen, wenn auch ihr jeweiliges Gewicht von Mensch zu Mensch verschieden ist. Daher wird unser Schicksal weitgehend von jenen Einflüssen bestimmt, die die vorhandenen Dispositionen formen und gestalten. Den wichtigsten Einfluß übt die Familie aus. Aber die Familie ist selbst nur »die Agentur der Gesellschaft«, der Transmissionsriemen für die Werte und Normen, welche eine Gesellschaft ihren Mitgliedern einprägen will. Aus diesem Grund sind Struktur und Werte der Gesellschaft, in die ein Mensch hineingeboren wird, die wichtigsten Faktoren für seine Entwicklung.

Ich glaube, daß die Gesellschaft den einzelnen sowohl fördern als auch behindern kann. Nur im Zusammenwirken mit anderen und im Arbeitsprozeß entwickelt der Mensch seine Kräfte, nur im geschichtlichen Prozeß erschafft er sich selbst. Gleichzeitig muß festgestellt werden, daß die meisten Gesellschaften bis zum heutigen Tag nur den Zielen der Wenigen gedient haben, die die Vielen für ihre Zwecke gebrauchen wollten. Daher mußten sie ihre Macht dazu benutzen, die Vielen (und so indirekt auch sich selbst) zu verdummen und einzuschüchtern und an der Entfaltung ihrer Kräfte zu hindern. Aus diesem Grund ist die Gesellschaft immer wieder mit der Humanität, mit den universalen Normen, die für jeden Menschen gelten, in Konflikt geraten. Erst wenn das Ziel der Gesellschaft mit den Zielen der Humanität identisch geworden ist, wird die Gesellschaft den Menschen nicht mehr verkrüppeln und das Böse fördern.

Ich glaube, daß jeder Mensch die Menschheit repräsentiert. Wir unterscheiden uns in bezug auf unsere Intelligenz, unsere Gesundheit und unsere Begabung. Und trotzdem sind wir alle eines und dasselbe: Wir alle sind Heilige und Sünder, Erwachsene und Kinder, und keiner steht über dem anderen oder ist sein Richter. Wir alle wurden mit Buddha erleuchtet und mit Christus gekreuzigt, und wir alle haben mit Dschingis Khan, mit Stalin und Hitler gemordet und geraubt.

Ich glaube, daß der Mensch sich das Erlebnis des ganzen universalen Menschen nur vergegenwärtigen kann, wenn er seine Individualität verwirklicht, und daß er es niemals erreichen wird, wenn er sich auf einen abstrakten gemeinsamen Nenner zu reduzieren sucht. Die paradoxe Lebensaufgabe des Menschen besteht darin, seine Individualität zu verwirklichen und sie gleichzeitig zu transzendieren, um zum Erlebnis der Universalität zu gelangen. Nur das ganz entwickelte individuelle Selbst kann das Ego aufgeben.

Ich glaube, daß die Eine Welt, die im Entstehen begriffen ist, nur dann Wirklichkeit werden kann, wenn ein Neuer Mensch entsteht – ein Mensch, der sich von den archaischen Bindungen an Blut und Boden freigemacht hat, der sich als Menschensohn, als Weltbürger fühlt und dessen Loyalität der ganzen Menschheit und dem Leben und nicht einem exklusiven Teil derselben gehört; ein Mensch, der sein Vaterland liebt, weil er die Menschheit liebt, und dessen Urteilsfähigkeit nicht durch seine stammesmäßige Zugehörigkeit getrübt wird.

Ich glaube, daß das Wachstum des Menschen ein ständiger Geburtsprozeß ist, ein ständig neues Erwachen. Gewöhnlich sind wir im Halbschlaf und wachen nur soweit auf, wie wir unseren Geschäften nachgehen müssen. Aber wir sind nicht wach genug, um dem Leben gerecht zu werden, worauf es doch allein ankommt. Die großen Führer der Menschheit sind Menschen, die die anderen aus ihrem Halbschlaf aufgeweckt haben. Die großen Feinde der Menschheit sind die, welche die anderen eingeschläfert haben, wobei es keine Rolle spielt, ob ihr Schlaftrunk die Verehrung Gottes oder die des Goldenen Kalbes ist.

Ich glaube, daß die Entwicklung des Menschen in den letzten viertausend Jahren seiner Geschichte wahrhaft Ehrfurcht gebietend ist. Er hat seinen Verstand soweit entwickelt, daß er im Begriff ist, die Rätsel der Natur zu lösen, und er hat sich aus der blinden Gewalt der Naturkräfte befreit. Aber ausgerechnet im Augenblick seines größten Triumphes, wo er an der Schwelle zu einer neuen Welt steht, ist er der Macht eben jener Dinge und Organisationen erlegen, die er selbst geschaffen hat. Er hat eine neue Produktionsmethode erfunden und Produktion und Verteilung zu seinem neuen Götzen gemacht. Er betet das Werk seiner Hände an und macht sich zu einem bloßen Diener von Dingen. Er mißbraucht den Namen Gottes, der Freiheit, der Humanität und des Sozialismus; er brüstet sich seiner Macht – der Bomben und Maschinen –, um seinen Bankrott als Mensch zu verbergen; er rühmt sich seiner Zerstörungsmacht, um seine Impotenz als Mensch zu verstecken.

Ich glaube, daß die einzige Kraft, die uns vor der Selbstvernichtung bewahren kann, die Vernunft ist. Mit ihr haben wir die Fähigkeit, die Unwirklichkeit der meisten Ideen, welche der Mensch vertritt, zu erkennen und zu jener Realität durchzudringen, die hinter allen Schichten von Täuschungen und Ideologien verdeckt ist; Vernunft wird hier verstanden nicht »als ein fester Gehalt von Erkenntnissen, von Prinzipien, von Wahrheiten als vielmehr als eine *Energie*; als eine Kraft, die nur in ihrer *Ausübung* und *Auswirkung* völlig begriffen werden kann . . .« und deren »wichtigste Funktion . . . in ihrer Kraft zu binden und zu lösen . . .« besteht. (E. Cassirer, 1932, S.6.) Gewalt und Waffen werden uns nicht retten; geistig-seelische Gesundheit und Vernunft werden es vielleicht können.

Ich glaube, daß die Vernunft nicht weiterhelfen kann, wenn der Mensch nicht hofft und glaubt. Goethe hat recht, wenn er den größten Unterschied zwischen den verschiedenen geschichtlichen Perioden in dem zwischen Glauben und Unglauben sieht und alle Epochen, in denen der Glaube dominiert, für glanzvoll, erhebend und fruchtbar hält, während er die, in denen der Unglaube dominiert, untergehen sieht, weil keiner Lust habe, sich dem Unfruchtbaren zu widmen. Zweifellos waren das dreizehnte Jahrhundert, die Renaissance und die Aufklärung Epochen des Glaubens und der Hoffnung. Ich fürchte, daß die westliche Welt des zwanzigsten Jahrhunderts sich darüber hinwegtäuscht, Hoffnung und Glauben verloren zu haben. Wenn wir nicht mehr an den Menschen glauben, wird uns unser Glaube an die Maschinen gewiß nicht vor dem Untergang retten. Ganz im Gegenteil wird dieser »Glaube« unser Ende nur beschleunigen. Entweder wird die westliche Welt imstande sein, eine Renaissance des Humanismus herbeizuführen, deren Hauptanliegen die volle Entwicklung der Humanität und nicht der Produktion und der Arbeit sein wird – oder der Westen wird untergehen, wie schon so viele andere große Kulturen untergegangen sind.

Ich glaube, daß die Erkenntnis der Wahrheit nicht in erster Linie eine Sache der Intelligenz, sondern des Charakters ist. Dabei ist das Wichtigste, daß man den Mut hat, *nein* zu sagen und den Befehlen der Machthaber und der öffentlichen Meinung den Gehorsam zu verweigern; daß man nicht länger schläft, sondern menschlich wird; daß man aufwacht und das Gefühl der Hilflosigkeit und Sinnlosigkeit verliert. Eva und Prometheus sind die beiden großen Rebellen, deren »Verbrechen« die Menschheit befreit haben. Aber die Fähigkeit, sinnvoll »nein« sagen zu können, impliziert die Fähigkeit, sinnvoll »ja« zu sagen. Das »Ja« zu Gott ist das »Nein« zum Kaiser; das »Ja« zum Menschen ist das »Nein« zu all jenen, die ihn versklaven, ausbeuten und verdummen wollen.

Ich glaube an die Freiheit und an das Recht des

Menschen, er selber zu sein und sich selbst zu verwirklichen und all jene zu bekämpfen, die ihn daran zu hindern suchen. Freiheit ist mehr als das Nichtvorhandensein gewaltsamer Unterdrückung. Sie ist mehr als nur die Freiheit »von«. Es ist die Freiheit »zu« – die Freiheit, unabhängig zu werden; die Freiheit, viel zu *sein*, anstatt viel zu *haben* oder Dinge und Menschen für seine Zwecke zu benutzen.

Ich glaube, daß weder der westliche Kapitalismus noch der sowjetische oder chinesische Kommunismus das Problem der Zukunft lösen können. Sie führen beide zu Bürokratien, die den Menschen in ein Ding verwandeln. Der Mensch muß die Kräfte der Natur und Gesellschaft unter seine bewußte und vernünftige Kontrolle bringen, jedoch nicht unter die Kontrolle einer Bürokratie, die Dinge *und* Menschen verwaltet, sondern unter die Kontrolle freier assoziierter Produzenten, die die Dinge so verwalten, daß sie sie dem Menschen unterordnen, der das Maß aller Dinge ist. Es geht nicht um die Alternative »Kapitalismus« oder »Kommunismus«, sondern um die Alternative »Bürokratismus« oder »Humanismus«. Der demokratische, dezentralisierende Sozialismus ist die Verwirklichung jener Bedingungen, die notwendig sind, um die Entfaltung aller Kräfte des Menschen zum höchsten Ziel zu machen.

Ich glaube, daß einer der schlimmsten Fehler im Leben des einzelnen und der Gesellschaft darin besteht, daß wir in stereotypen Alternativen befangen sind: »Lieber tot als rot« – »Eine entfremdete industrielle Zivilisation oder eine individualistische vorindustrielle Gesellschaft« – »Aufrüstung oder Hilflosigkeit« – das sind Beispiele für derartige Alternativen. Es tauchen immer andere und neue Möglichkeiten auf, wenn man sich von der tödlichen Umklammerung durch diese Klischeevorstellungen befreit hat und die Stimme der Humanität und der Vernunft zu Wort kommen läßt. Der Grundsatz des »geringeren Übels« ist der Grundsatz der Verzweiflung. Meist zieht er die Sache nur solange hinaus, bis das größere Übel den Sieg davonträgt. Wenn man das zu tun wagt, was recht urd menschlich ist, und wenn man an die Macht der Stimme der Humanität und Wahrheit glaubt, dann geht man ein geringeres Risiko ein, als wenn man sich auf den sogenannten Realismus des Opportunismus verläßt.

Ich glaube, daß der Mensch seine Illusionen aufgeben muß, die ihn versklaven und lähmen; daß er sich der Wirklichkeit in sich und außerhalb seiner selbst bewußt werden muß, um eine Welt aufzubauen, die der Illusionen nicht mehr bedarf. Freiheit und Unabhängigkeit kann man nur erlangen, wenn man die Ketten der Illusion sprengt.

Ich glaube, daß es für uns heute nur eine entscheidende Frage gibt: die nach Krieg oder Frieden. Der Mensch kann leicht alles Leben auf unserer Erde vernichten oder alle Zivilisation und alle Werte bei den Übriggebliebenen zerstören und eine barbarische, totalitäre Organisation aufbauen, die den Rest der Menschheit beherrscht. Sich dieser Gefahr bewußt zu werden und die Doppelzüngigkeit zu durchschauen, deren man sich überall bedient, um zu verhindern, daß die Menschen den Abgrund sehen, auf den sie sich zubewegen, ist unsere einzige Verpflichtung, das einzige moralische und intellektuelle Gebot, das wir heute zu respektieren haben. Tun wir es nicht, so sind wir alle zum Untergang verurteilt. – Sollten wir alle bei einer atomaren Massenvernichtung umkommen, so wird das nicht daran liegen, daß der Mensch nicht fähig war, menschlich zu werden, oder daß er von Natur aus böse ist; es wird daran liegen, daß der Konsens der Dummheit ihn daran hinderte, die Wirklichkeit zu sehen und sich dementsprechend zu verhalten.

Ich glaube an die Vervollkommnungsfähigkeit des Menschen, aber ich bezweifle, daß der Mensch dieses Ziel erreicht, wenn er nicht bald erwacht.

Wächter, wie lang noch dauert die Nacht?
Der Wächter antwortet:
Es kommt der Morgen, es kommt auch die Nacht.
Wenn ihr fragen wollt, kommt wieder und fragt!
(Jes. 21, 11f.)

Thomas Wolfe
1900–1938

Der amerikanische Epiker arbeitete bis zu seinem frühen Tode an einem riesigen Romanwerk, dessen erster Band »Schau heimwärts, Engel!« 1929 erschien und ihn über Nacht berühmt machte. Der aus dem Nachlaß 1940 edierte Roman »Es führt kein Weg zurück«, dem die folgenden Passagen entnommen sind, spiegelt Eindrücke, die der Dichter bei Besuchen in Deutschland in den Jahren 1935 und 1936 gewann; sie werden ihm Anlaß zu einer scharfen und ins Visionäre gehenden Zivilisationskritik.

Hoffnung auf ein neues Land

Ich glaube, daß wir hier in Amerika verloren sind, aber ich glaube auch, daß wir eines Tages neu entdeckt werden. Dieser Glaube, der sich jetzt in mir zur überzeugten Gewißheit klärt, ist nicht nur meine – und, ich glaube, unser aller – persönliche Hoffnung, sondern der ewig lebendige Traum Amerikas. Ich glaube, das Leben Amerikas, das wir geformt haben und das uns geformt hat – die Formen, die wir schufen, die Zellen, die sich bildeten, der ganze Bienenstock, der so entstand –, war seinem Wesen nach selbstzerstörerisch und muß zerstört werden. Ich glaube, daß unsere Formen im Absterben begriffen sind und sterben müssen, aber ich weiß auch, daß Amerika und das amerikanische Volk unsterblich, unentdeckt und unvergänglich sind und leben müssen.

Ich glaube, daß die wahre Entdeckung Amerikas noch vor uns liegt. Ich glaube, daß die wahre Erfüllung für unseren Geist, für unser Volk und für unser mächtiges, unsterbliches Land noch kommen wird, so wie ich auch glaube, daß die wahre Entdekkung unserer Demokratie noch vor uns liegt. Und ich glaube: all dieses wird so sicher kommen wie der Morgen, so unausweichlich wie der Mittag. Ich spreche, glaube ich, für nahezu alle Lebenden, wenn ich sage, daß unser Amerika das Hier und das

Jetzt ist, daß es nur auf uns wartet und daß diese wunderbare Gewißheit unsere lebendige Hoffnung, unser Traum ist, den wir verwirklichen müssen.

Ich glaube auch, daß unser Feind hier mitten unter uns ist. Aber wir kennen die Gesichter und Gestalten, die der Feind annimmt, und unsere lebendige Hoffnung liegt eben in dem Bewußtsein, daß wir ihn kennen, daß wir es mit ihm aufnehmen und ihn schließlich besiegen werden. Ich glaube, der Feind hat tausenderlei Gestalt, aber wir erkennen ihn an der Maske, die er immer trägt. Denn unser einziger Feind ist die Selbstsucht, ist die habgierige Gewalt – ein blinder Feind, aber seine Macht liegt in der Brutalität seines blinden Zugriffs. Ich glaube nicht, daß der Feind erst gestern geboren wurde oder daß er sich vor vierzig Jahren zu seiner vollen Kraft entfaltete; ich glaube nicht, daß er im Jahre 1929 kränkelte und zusammenbrach oder daß wir zunächst überhaupt keinen Feind hatten, sondern unser Ziel aus den Augen verloren, vom Weg abkamen und uns plötzlich mitten unter den Feinden befanden. Nein – ich glaube, der Feind ist so alt wie die Zeit und so böse wie die Hölle, und er ist von Anfang an unter uns gewesen. Er hat uns um unsere Erde bestohlen, er hat unseren Wohlstand vernichtet und unser Land ausgeplündert und verheert. Er hat unser Volk zu Sklaven gemacht, er hat die Quellen unseres Lebens vergiftet, er hat das Brot genommen und uns die Rinde gelassen, und weil der Feind von Grund auf unersättlich ist, hat er schließlich versucht, uns auch noch die Rinde zu nehmen.

Ich glaube, daß der Feind uns in der Maske der Unschuld begegnet und spricht:

»Ich bin euer Freund.«

Ich glaube, daß der Feind uns mit falschen Worten und Lügen täuscht und spricht:

»Seht, ich bin einer von euch, bin eines von euren Kindern, ich bin euer Sohn, euer Bruder, euer Freund. Seht nur, wie dick und wohlgenährt ich geworden bin – und alles nur, weil ich einer von euch und euer Freund bin. Seht, wie reich und mächtig ich bin – und alles nur, weil ich einer von euch bin, weil ich wie ihr lebe, denke und handle. Ich bin ich, weil ich einer von euch bin, euer demütiger Bruder und Freund. Seht ihr nicht«, ruft der Feind, »was ich für ein Mensch bin, wozu ich es gebracht habe, was ich geleistet habe? Bedenkt es wohl: wollt ihr das zerstören? Glaubt mir: ich bin euer kostbarstes Gut! Ich bin euer eigenes Selbst, jeder von euch findet sich in mir wieder. Ich bin der Triumph aller eurer Einzelleben, bin tief in eurem Blute verwurzelt und von eurer Sippe überkommen – ich bin die Tradition Amerikas! Ich bin, was ihr sein könntet«, sagt der Feind demütig, »denn bin ich nicht einer von euch? Bin ich nicht euer Bruder und Sohn? Bin ich nicht die Erfüllung eurer Hoffnungen und eurer Wünsche, das, was ihr für eure Söhne ersehnt? Wollt ihr diese höchste Verkörperung eures eigenen heroischen Selbst zerstören? Wenn ihr das tut«, sagt der Feind, »dann zerstört ihr euch selber; ihr tötet das Höchste, das Amerika hervorgebracht hat, und tötet damit euch selber.«

Er lügt – wir wissen jetzt, daß er lügt! Er ist nicht unser Höchstes und ist überhaupt nicht einer von uns. Er ist nicht unser Freund, unser Sohn und Bruder, und er ist ganz und gar nicht amerikanisch! Denn wenn er uns auch tausend vertraute und bequeme Gesichter zeigt – sein wahres Gesicht ist so alt wie die Hölle.

Du brauchst Dich nur umzusehen – dann weißt Du, was er angerichtet hat . . .

Aber eins muß ich Dir noch sagen, ehe ich gehe:

Es hat nach mir gerufen in der Nacht, beim letzten Flackern des schwindenden Jahres; es hat nach mir gerufen in der Nacht und hat zu mir gesagt, ich werde sterben – wo, weiß ich nicht. Es hat gesagt:

»Laß fahren diese Erde, die du kennst, um höherer Erkenntnisse willen; laß fahren dieses dein eigenes Leben, um eines höheren Lebens willen; laß fahren die geliebten Freunde, um einer höheren Liebe willen; ein Land erwartet dich, das gütiger als die Heimat ist und größer als die Erde . . .«

»Dort ist der Grund, auf dem die Pfeiler dieser Erde ruhn, – der Hort des Weltgewissens . . . ein Wind erhebt sich, und die Ströme fließen.«

Werner Heisenberg
1901–1976

Der deutsche Physiker, der als Professor an den Universitäten Leipzig, Berlin und Göttingen lehrte, gehört zu den Begründern der modernen Quantentheorie und stellte 1927 die nach ihm benannte »Heisenberg'sche Unbestimmtheitsrelation« auf. 1932 erhielt er den Nobelpreis für Physik. 1969 erschien sein Buch »Der Teil und das Ganze – Gespräche im Umkreis der Atomphysik«, aus dem hier zitiert wird.

Ein Kompaß für den Weg durchs Leben

Wir wissen, daß es sich bei der Religion um eine Sprache der Bilder und Gleichnisse handeln muß, die nie genau das darstellen können, was gemeint ist. Aber letzten Endes geht es wohl in den meisten alten Religionen, die aus einer Epoche vor der neuzeitlichen Naturwissenschaft stammen, um den gleichen Inhalt, den gleichen Sachverhalt, der eben in Bildern und Gleichnissen dargestellt werden soll und der an zentraler Stelle mit der Frage der Werte zusammenhängt . . .

Die Frage nach den Werten – das ist doch die Frage nach dem, was wir tun, was wir anstreben, wie wir uns verhalten sollen. Die Frage ist also vom Menschen und relativ zum Menschen gestellt; es ist die Frage nach dem Kompaß, nach dem wir uns richten sollen, wenn wir unseren Weg durchs Leben suchen. Dieser Kompaß hat in den verschiedenen Religionen und Weltanschauungen sehr verschiedene Namen erhalten: Das Glück, der Wille Gottes, der Sinn, um nur einige zu nennen. Die Verschiedenheit der Namen weist auf sehr tiefgehende Unterschiede in der Struktur des Bewußtseins der Menschengruppen hin, die ihren Kompaß so genannt haben. Ich will diese Unterschiede sicher nicht verkleinern. Aber ich habe doch den Eindruck, daß es sich in allen Formulierungen um die Beziehungen der Menschen zur zentralen Ordnung der Welt handelt. Natürlich wissen wir, daß für uns die Wirklichkeit von der Struktur unseres Bewußtseins abhängt; der objektivierbare Bereich ist nur ein kleiner Teil unserer Wirklichkeit. Aber auch dort, wo nach dem subjektiven Bereich gefragt wird, ist die zentrale Ordnung wirksam und verweigert uns das Recht, die Gestalten dieses Bereichs als Spiel des Zufalls oder der Willkür zu betrachten. Allerdings kann es im subjektiven Bereich, sei es des Einzelnen oder der Völker, viel Verwirrung geben. Es können sozusagen die Dämonen regieren und ihr Unwesen treiben, oder um es mehr naturwissenschaftlich auszudrücken, es können Teilordnungen wirksam werden, die mit der zentralen Ordnung nicht zusammenpassen, die von ihr abgetrennt sind. Aber letzten Endes setzt sich doch wohl immer die zentrale Ordnung durch, das »Eine«, um in der antiken Terminologie zu reden, zu dem wir in der Sprache der Religion in Beziehung treten. Die Wirksamkeit des Einen zeigt sich schon darin, daß wir das Geordnete als das Gute, das Verwirrte und Chaotische als schlecht empfinden. Der Anblick einer von einer Atombombe zerstörten Stadt erscheint uns schrecklich; – aber wir freuen uns, wenn es gelungen ist, aus einer Wüste eine blühende, fruchtbare Landschaft zu entwickeln. In der Naturwissenschaft ist die zentrale Ordnung daran zu erkennen, daß man schließlich solche Metaphern verwenden kann wie »die Natur ist nach diesem Plan geschaffen«. Und an dieser Stelle ist mein Wahrheitsbegriff mit dem in den Religionen gemeinten Sachverhalt verbunden. Ich finde, daß man diese ganzen Zusammenhänge sehr viel besser denken kann, seit man die Quantentheorie verstanden hat. Denn in ihr können wir in einer abstrakten mathematischen Sprache einheitliche Ordnungen über sehr weite Bereiche formulieren; wir erkennen aber gleichzeitig, daß wir dann, wenn wir in der natürlichen Sprache die Auswirkungen dieser Ordnungen beschreiben wollen, auf Gleichnisse angewiesen sind, auf komplementäre Betrachtungsweisen, die Paradoxien und scheinbare Widersprüche in Kauf nehmen. . . .

Wenn man in dieser westlichen Welt fragt, was gut und was schlecht, was erstrebenswert und was zu verdammen ist, so findet man doch immer wieder den Wertmaßstab des Christentums auch dort, wo man mit den Bildern und Gleichnissen dieser Religion längst nichts mehr anfangen kann. Wenn einmal die magnetische Kraft ganz erloschen ist, die diesen Kompaß gelenkt hat – und die Kraft kann doch nur von der zentralen Ordnung her kommen –, so fürchte ich, daß sehr schreckliche Dinge passieren können, die über die Konzentrationslager und die Atombomben noch hinausgehen . . . Mit den Forderungen der Pragmatiker und Positivisten, Sorgfalt und Genauigkeit im Einzelnen und äußerste Klarheit in der Sprache, wird man sich gern einverstanden erklären. Ihre Verbote aber wird man übertreten müssen; denn wenn man nicht mehr über die großen Zusammenhänge sprechen und nachdenken dürfte, ginge auch der Kompaß verloren, nach dem wir uns richten können.

John Steinbeck
1902–1968

Der amerikanische Schriftsteller aus Kalifornien, der zunächst in verschiedenen Berufen, u. a. als Maurergehilfe und Reporter arbeitete, wurde 1935 durch seinen Schelmenroman »Tortilla Flat« bekannt. Sozialkritische Akzente und psychologische Analysen kennzeichnen viele seiner weiteren Werke, darunter »Früchte des Zorns« (1939) und »Jenseits von Eden« (1952). Dem letztgenannten Buch sind die folgenden Passagen entnommen. Steinbeck erhielt 1962 den Nobelpreis für Literatur.

Für die Freiheit des Einzelnen

Wie es in den künftigen Jahren werden wird, weiß ich nicht. In der Welt gehen ungeheuerliche Veränderungen vor; Kräfte sind am Werk, eine Zukunft zu gestalten, deren Gesicht wir nicht kennen. Manche dieser Kräfte scheinen uns böse, wenn auch vielleicht nicht böse an sich, sondern weil sie das Bestreben haben, Dinge, die wir wert halten, auszumerzen. Es stimmt, daß zwei Männer einen größeren Stein heben können als ein Mann. Eine Menschengruppe kann schneller und besser Automobile bauen als ein einzelner Mann, und das Brot aus einer großen Fabrik ist billiger und gleichmäßiger. Wenn unsere Ernährung, Bekleidung und Behausung völlig dem komplizierten Prozeß der Massenproduktion entstammt, dann muß das Massenverfahren unweigerlich in unser Denken übergehen und alles andere Denken ausschalten. Massen- oder Kollektivproduktion ist heute so sehr in unsere Wirtschaft eingedrungen, daß es Völker gibt, die den Begriff des Kollektivs an die Stelle des Gottesbegriffes gesetzt haben. Das ist heutzutage die Gefahr. Es ist eine Hochspannung in der Welt, eine Spannung bis zum Zerreißpunkt, und die Menschen sind unglücklich und verwirrt.

In solcher Zeit scheint es mir natürlich und richtig, mir selbst die Fragen vorzulegen: An was glaubst du? Wofür und wogegen mußt du kämpfen?

Unsere Gattung ist die einzige mit Schöpferkraft begabte, und sie besitzt nur ein einziges Werkzeug für diese Kraft: den individuellen Geist und Verstand des Menschen ... Nie ist etwas von zwei Menschen geschaffen worden. Produktive Zusammenarbeit gibt es nicht, weder in der Musik noch in der Mathematik, weder in der Bildenden noch in der Dichtkunst, geschweige in der Philosophie. Wenn sich einmal das Wunder der Schöpfung begeben hat, dann ist die Gruppe imstande, sie auszubauen und auszubreiten, aber niemals erfindet eine Gruppe etwas. Die kostbare Kraft liegt im Geist des Einzelnen beschlossen. Nun aber haben die um den Gruppenbegriff gescharten Kräfte dieser kostbaren Kraft, dem Menschengeist, den Vernichtungskrieg erklärt. Durch Verunglimpfung, Aushungerung, Unterdrückung, Richtungszwang, durch die betäubenden Hammerschläge der Gleichschaltung wird der frei schweifende Geist verfolgt, gefesselt, geknebelt, betäubt. Einen jammervollen, selbstmörderischen Weg scheint unsere Gattung eingeschlagen zu haben.

Ich glaube an dies: daß der freie, forschende Geist des menschlichen Einzelwesens das Wertvollste ist, was es auf der Welt gibt. Ich muß kämpfen für dies: für die Freiheit des Geistes, sich ohne Zwang nach jeder von ihm gewünschten Richtung bewegen zu dürfen. Und ich muß kämpfen gegen dies: gegen jede Idee, Religion oder Regierung, die das Individuum einschränkt oder vernichtet. So bin ich, und darum geht es mir. Ich verstehe, daß ein nach einem bestimmten Schema aufgebautes System den freien

Geist zu vernichten bestrebt sein muß, denn er ist die einzige Kraft, die es zu durchschauen und dadurch zu vernichten vermag. Gewiß begreife ich das, aber ich verabscheue es und werde dagegen kämpfen, um das Einzige zu bewahren, was uns vom unschöpferischen Tier unterscheidet. Wenn der Strahlenschein in uns zum Verlöschen gebracht werden kann, dann sind wir verloren.

Reinhold Schneider
1903–1958

Der katholische Schriftsteller stammte aus Baden-Baden und lebte seit 1938 in Freiburg im Breisgau. Sein umfangreiches Werk umfaßt Lyrik, Dramen, Essays, Erzählungen, historische Darstellungen und autobiographische Schriften. Als Gegner des Nationalsozialismus wurde er gegen Ende des Zweiten Weltkriegs wegen Hochverrats angeklagt. Sein Werk ist geprägt von der Grundthematik von Macht und Gnade in der Geschichte. In seinen letzten Aufzeichnungen »Winter in Wien« offenbart sich ein Wechselspiel von Zweifel und Glaube. 1956 erhielt er den Friedenspreis des Deutschen Buchhandels. Der hier abgedruckte Text stammt aus dem Jahre 1955.

Daran glaube ich

Im besten Falle verstehen wir, was wir erlebt haben. Suche ich die ersten fünfzig Jahre unseres Jahrhunderts zu überblicken, so ist mir dieses eine gewiß: daß der Mensch frei ist. Der Ablauf der Politik, die Katastrophen der Diplomatie und der Kriege, soziale Umwälzungen scheinen dem zu widersprechen. Es ist, als ob wir in einem Strome fortgetrieben würden, der keinen Widerstand zuläßt und Menschen, Völker, Reiche, Regierungsformen vor sich herwälzt. Was ist der Einzelne? Ich behaupte: unermeßlich viel. Denn in einem jeden Einzelnen ist die Möglichkeit, sich zu entscheiden. Er kann die Welt nicht verändern. Die geistigen, sozialen, politischen Probleme, die sie aufwühlen, muß er annehmen. Aber einer jeden Frage gegenüber kann er doch sein Ja oder Nein aufbringen. Freilich liegt es nicht am Wort, sondern es liegt daran, daß er sein Ja oder Nein lebt: daß er das ganze Gewicht seines Daseins in seine Entscheidung legt. Ob das an sichtbarer Stelle geschieht, in einem Ministerium oder Parteibüro oder im Direktorium einer Fabrik, ist nicht das wichtigste. Der echte Inhalt einer Zeit, eines Staates sind seine gelebten Freiheiten.

Wahrscheinlich ist es heute schwerer als vor hundert Jahren, daß der Unbekannte – den wir voreilig den kleinen Mann nennen – sich seiner Freiheit bewußt wird und den Mut findet, sie zu vollziehn. Zeitungen, Presse, Sender, der Propagandaapparat der Regierungen haben viel mehr Interesse daran, ihm diese Freiheit zu nehmen als ihn zur Freiheit aufzurufen. Das ändert aber nichts daran, daß sie in einem jeden vorhanden ist und daß er sich ihrer bewußt werden muß. Wir müssen einen jeden Tag in ihrem Namen neu beginnen. Ohne den Mut, mit unserer Freiheit allein zu sein, sind wir nicht Menschen, sind wir, was wir auch arbeiten mögen, für Volk, Staat, Welt von ganz geringem Wert. Denn das allein macht ja ihre geschichtliche Bedeutung aus, daß sie Freiheiten zusammenfassen. Wir sind nicht frei für uns selbst, sondern wir sind es für alle, im Zusammenhange der Völker, im Zusammenhange des Kosmos.

»Alle Dinge sind miteinander verflochten, und ihr Band ist heilig.« Dieses Wort des Kaisers Marc Aurel kann nicht aufgehoben werden; es wird nur ernster, je mehr Macht dem Menschen in die Hand gegeben ist, sei es an aufbauender Technik oder an zerstörenden Waffen. Ob für den Einzelnen, ob für einen jeden von uns das Ganze der Schöpfung wirklich heilig ist, ob wir Ehrfurcht nicht allein vor dem Menschen, dem Leben, sondern auch der Natur haben, ist von immer wachsender Bedeutung. Was ist Freiheit, wenn nicht eine Tat unseres Gewissens? Was ist Gewissen, wenn nicht das Wissen von der Verantwortung für das Ganze der Schöpfung – vor dem, der sie geschaffen hat?

Ich glaube also, es ist der Sinn der Geschichte, alles dessen, was geschehen ist und weiter geschehen wird, daß der Mensch von Tag zu Tag, ganz gleichgültig an welcher Stelle er steht, sich als frei empfindet und bereit ist, diese Freiheit vor allen Fragen, die der Tag aufwirft, durchzusetzen. Es kommt nicht darauf an, von welcher Tragweite die Entscheidungen sind, sondern auf die Freiheit.

Damit ist gesagt, daß nicht die sich zusammenballenden Mächte der Wirtschaft, der Parteien, der Heere Geschichte führen können, sondern allein der Mensch, wie er immer war, die sittliche Person. Die erste Macht aber, die er verantworten muß, ist der Gedanke. Denn es sind die Gedanken, die die Welt verändern, den Lauf der Geschichte bestimmen. Es ist kein umwälzendes Ereignis denkbar, dem nicht die Arbeit des Geistes vorausgegangen ist, seien es die Entdeckungen der Seefahrer im 15. Jahrhundert, der Aufbau der Kolonialreiche, die Religionskriege, seien es die europäischen Revolutionen, sei es die Technisierung der Macht, die wir heute erleben. Wer einen Gedanken in die Welt wirft, eine Entdeckung macht: der ist in vollem Maße verantwortlich für ihre Verwirklichung, dafür, daß sie Geschichte werden, Geschichte machen. Es hat niemand das Recht, Ideen und Forschungsergebnisse mitzuteilen, deren vollen Vollzug er nicht verantworten möchte.

Wo Freiheit ist, da ist auch Anfechtung. Das Gewissen kann irren, betäubt werden; der Geist des

Bösen ist uns geoffenbart. Nie ist Wichtigeres von der Geschichte und ihren Gefahren gesagt worden als in dem Bericht von der Versuchung Jesu Christi. Die soziale Versuchung: aus Steinen Brot zu machen, die religiöse Versuchung: eigenmächtige Wunder zu tun, die Versuchung der falschen Macht durch die vorgespiegelten Reiche der Welt und ihre Herrlichkeit: sie spielen sich im Ablauf der ganzen Geschichte ab. Ich glaube nicht, daß die Macht des Bösen vor dem Ende der Zeit gebrochen wird. Ich glaube also auch nicht, daß es dem Menschen gelingt, eine Ordnung zu errichten, die nicht von dieser Macht bedroht ist. Und ich glaube nicht, daß die Menschen in einem irdischen Staat ihr Ziel, ihren vollkommenen Frieden finden. Eben in dieser Meinung sehe ich die gefährlichste Versuchung. Sie kann nur zur Versklavung führen: dazu, daß der Mensch zum Angestellten der Staatsfabrik wird, der Staat zum Sinn des Lebens.

Der Mensch muß das Wagnis seiner Freiheit auf sich nehmen, also die Möglichkeit, daß er an ihr scheitert. Das ist das Göttliche in ihm, das über die Erde hinausweist. Und der Mensch verliert sich selbst, wenn er nicht mehr über die Erde hinaus frägt; wenn er das letzte Wort über Sein und Nichtsein, Wert und Unwert nicht von oben erwartet. Die Erde ist da, mit allen ihren Prüfungen und Verheißungen, daß der Mensch sich auf ihr als Mensch erkennt und erweist in seiner Freiheit – aber nicht für die Erde, sondern für Gott.

Alles, was ich zu sagen versuchte, ist in dem einen Satz zu fassen: daß Jesus Christus uns frei gemacht hat; daß er in uns die lebendige Freiheit ist an einem jeden Ort und in einer jeden Stunde. Und daß in ihm und in ihm allein die Menschheit und der Kosmos wahrhaft eins sind.

Sir John C. Eccles

Der australische Wissenschaftler wurde 1903 in Melbourne geboren. Als Neurophysiologe spezialisierte er sich auf die Hirnforschung und entdeckte entscheidende physikalisch-chemische Prozesse bei der Entstehung und Übertragung von Nervenimpulsen. Neben zahlreichen wissenschaftlichen Publikationen veröffentlichte er auch Bücher für ein allgemeines Lesepublikum, zum Beispiel: »Das Rätsel Mensch« und den mit Hans Zeier verfaßten Band »Gehirn und Geist«, aus dem hier zitiert wird. 1963 erhielt er zusammen mit anderen den Nobelpreis für Medizin. 1982 erschien in deutscher Sprache das Werk »Das Ich und sein Gehirn«, das Eccles zusammen mit dem Philosophen Sir Karl Popper verfaßte.

Sind wir Teil eines großartigen Universums?

Der Mensch hat in dieser heutigen Zeit den Weg verloren. Man hat diesen Zustand als »die mißliche Lage« bezeichnet, in der die Menschheit sich befindet. Ich glaube, daß die Wissenschaft zu weit gegangen ist, als sie den Glauben des Menschen an seine geistige Größe zum Einsturz brachte und ihm statt dessen die Überzeugung einflößte, daß der Mensch bloß ein unbedeutendes animalisches Lebewesen ist, das aus einem Gemisch von Zufall und Notwendigkeit auf einem unbedeutenden Planeten entstanden ist. Ich glaube, die Hauptursache der Beunruhigung, von der die Menschheit heute ergriffen ist, liegt darin, daß die geistigen Führer in ihrem Eigendünkel zu arrogant sind. Wir sollten stets der großen unbekannten Tatsachen eingedenk sein, die ebenso in der materiellen Ausstattung und Arbeitsweise unseres Gehirns zu bemerken sind wie in den Beziehungen zwischen Gehirn und Geist sowie auch in unserer kreativen Phantasie. Wenn wir an diese großen Geheimnisse denken und vor allem auch an das Geheimnis unseres Entstehens, so sollten wir – meine ich – viel bescheidener sein. Die Zukunft, die wir uns jetzt noch nicht vorstellen können, die aber dereinst die unsere sein wird, kann dann vielleicht die Erfüllung dieses unseres gegenwärtigen Lebens bedeuten. Deshalb sollten wir bereit sein, die darin liegenden Möglichkeiten als das größte uns zuteil werdende Geschenk zu betrachten und als solches anzunehmen.

Indem wir dieses wunderbare Geschenk von Leben und Tod entgegennehmen, müssen wir nicht auf die Unvermeidbarkeit, sondern auf die Möglichkeit irgendeiner anderen Existenz vorbereitet sein . . . Auch ich selbst habe die feste Überzeugung, daß wir für die Zukunft aufgeschlossen sein müssen. Dieses ganze Weltall läuft nicht, ohne daß irgendein Sinn dahintersteckt, bloß immer nur weiter und weiter. Ich bin zu der Überzeugung gelangt, daß wir Geschöpfe sind, die irgendeine übernatürliche Bedeutung haben, die aber bis jetzt noch nicht genau bezeichnet ist. Wir können nicht mehr tun, als daran zu denken, daß wir alle vielleicht Teil irgendeines großartigen Planes sind. Jeder von uns darf zumindest die Überzeugung haben, daß er eine Rolle in irgendeinem gewaltigen, unvorstellbaren, übernatürlichen Drama spielt. Wir sollten alles daransetzen, um unsere Rolle nach bestem Können zu verwirklichen. Dann mögen wir mit Ernst und zugleich auch voller Freude auf die künftigen Enthüllungen alles dessen harren, was uns nach dem Tode bevorsteht.

Simone Weil
1909–1943

Die französische Philosophin jüdischer Herkunft, die trotz starker Hinwendung zum Christentum nie zu einer christlichen Konfession übertrat, kann als eine moderne Mystikerin bezeichnet werden. Sie arbeitete als Lehrerin, zeitweise als Fabrikarbeiterin, und schloß sich im Zweiten Weltkrieg der französischen Widerstandsbewegung an. Ihre zahlreichen philosophischen, gesellschaftskritischen und religiösen Schriften erschienen in Buchform erst nach ihrem Tode. Der folgende Text stammt aus ihrem 1948 in Paris erschienenen Buch »Attente de Dieu«.

Die Liebe ist der Blick der Seele

Selbst der engherzigste Katholik würde nicht zu behaupten wagen, daß Mitleid, Dankbarkeit, Liebe zur Schönheit der Welt, Liebe der religiösen Gebräuche, Freundschaft das Monopol der Zeiten und Länder seien, in denen die Kirche gegenwärtig war. In ihrer vollen Reinheit finden sich diese Formen der Liebe nur selten, aber es möchte schwerfallen, auch nur zu behaupten, sie seien in diesen Zeiten und Ländern häufiger anzutreffen gewesen als in den anderen. Und zu glauben, daß sie auch dort auftreten könnten, wo Christus fern ist, hieße Christus vermindern und verunglimpfen; ja es hieße eine Ruchlosigkeit, fast eine Gotteslästerung begehen.

Diese Formen der Liebe sind übernatürlich; und in gewissem Sinne sind sie absurd. Sie sind eine Torheit. Solange noch keine unmittelbare Berührung zwischen der Seele und der Person Gottes selbst stattgefunden hat, können sie sich auf keine in der Erfahrung oder auf Vernunftschlüsse gegründete Erkenntnis stützen. Sie können sich also auf keine Gewißheit stützen, außer man gebrauchte dieses Wort in einem metaphorischen Sinne, um damit das Gegenteil der Unentschlossenheit zu bezeichnen. Folglich ist es vorzuziehen, daß sie von keinerlei Glauben begleitet seien. Das ist von größerer intellektueller Redlichkeit, und das ist ein besserer Schutz für die Reinheit der Liebe. Es ist in jeder Hinsicht angemessener. Wo es sich um das Göttliche handelt, ist ein bloßes Glauben unangemessen. Die Gewißheit allein ist angemessen. Alles, was geringer ist als die Gewißheit, ist Gottes unwürdig.

Während der Zeit der Vorbereitung stellen diese mittelbaren Formen der Liebe eine Aufwärtsbewegung der Seele dar, ein mit einiger Mühe nach oben gerichtetes Schauen. Nachdem Gott in Person gekommen ist, nicht nur die Seele zu besuchen, wie er es anfangs lange Zeit hindurch tut, sondern sich ihrer zu bemächtigen und ihr Zentrum in seine Nähe zu entrücken, verhält es sich anders damit. Das Küchlein hat mit dem Schnabel die Schale zertrümmert und ist dem Ei der Welt entschlüpft. Diese früheren Formen der Liebe bleiben bestehen, sie sind noch kräftiger als zuvor, aber sie sind anders geworden. Wer dieses Abenteuer bestanden hat, liebt mehr als zuvor die Unglücklichen, die, welche ihm im Unglück beistehen, seine Freunde, die religiösen Gebräuche, die Schönheit der Welt. Aber diese Formen der Liebe sind nun zu einer Abwärtsbewegung geworden, wie die sich herablassende Bewegung Gottes; sie sind zu einem Strahl geworden, der mit dem göttlichen Licht verschmolzen herniederfährt. Zumindest darf man dies vermuten.

Diese mittelbaren Formen der Liebe sind nur Verhaltungsweisen, welche die auf das Gute gerichtete Seele gegenüber den Wesen und Dingen hienieden annimmt. Sie haben nicht selber ein

Gutes zu ihrem Gegenstand. Hienieden gibt es kein Gut. So sind sie also auch nicht eigentlich Liebe zu nennen. Sie sind liebende Verhaltungsweisen.

In der Zeit der Vorbereitung liebt die Seele ins Leere. Sie weiß nicht, ob ihrer Liebe irgend etwas Wirkliches entspricht. Sie mag glauben, daß sie es weiß. Aber Glauben heißt nicht Wissen. Ein solches Glauben ist keine Hilfe. Die Seele weiß nur mit Gewißheit, daß sie Hunger hat. Wichtig ist nur, daß sie ihren Hunger hinausschreit. Ein Kind hört nicht auf zu schreien, wenn man ihm einredet, daß es vielleicht kein Brot gibt. Es schreit trotzdem.

Die Gefahr liegt nicht darin, daß die Seele zweifelt, ob Brot vorhanden ist oder nicht, sondern daß sie sich durch eine Lüge einredet, sie habe keinen Hunger. Dies kann sie sich nur durch eine Lüge einreden, denn die Wirklichkeit ihres Hungers ist kein bloßes Glauben, sondern eine Gewißheit.

Wir alle wissen, daß es hienieden kein Gut gibt, daß alles, was hienieden als ein Gut erscheint, endlich ist, daß es begrenzt ist, daß es sich erschöpft und, wenn es einmal erschöpft ist, die nackte Notwendigkeit enthüllt. Jeder Mensch hat wahrscheinlich in seinem Leben mehrere Augenblicke gehabt, wo er sich offen eingestand, daß es hienieden kein Gut gibt. Aber sobald man dieser Wahrheit ansichtig geworden ist, deckt man sie mit Lügen zu. Ja, viele gefallen sich gar darin, diese Wahrheit zu verkünden, und suchen aus der Traurigkeit einen weichlichen Genuß zu saugen, während sie niemals imstande waren, ihr auch nur eine Sekunde lang wirklich fest ins Antlitz zu sehen. Die Menschen spüren, daß sie sich der Gefahr des Todes aussetzen, wenn sie dieser Wahrheit eine Zeitlang ins Antlitz sehen. Das ist wahr. Diese Erkenntnis ist tödlicher als ein Schwert; sie verhängt einen Tod, der uns fürchterlicher erscheint als der leibliche Tod. Mit der Zeit tötet sie alles in uns, was wir Ich nennen. Um dies zu ertragen, muß man die Wahrheit mehr als das Leben lieben. Die von solcher Art sind, wenden sich, wie es bei Plato heißt, mit ihrer ganzen Seele von dem Vergänglichen ab.

Sie wenden sich nicht Gott zu. Wie wären sie dazu imstande, inmitten der völligen Finsternis? Gott selber weist sie in die rechte Richtung. Dennoch braucht es lange Zeit, ehe er sich ihnen zeigt. Sie haben nichts anderes zu tun, als regungslos, unverwandten Blickes und unablässig horchend zu warten, sie wissen nicht auf was, taub gegen alle Verlockungen und Drohungen, unerschütterlich allen Schlägen standhaltend. Wenn Gott ihnen nach langem Warten eine Ahnung seines Lichtes vergönnt oder gar sich selber in Person ihnen offenbart, so geschieht dies nur auf einen raschen Augenblick. Und dann gilt es wiederum, still und aufmerksam zu warten, ohne sich zu rühren, höchstens daß man einen Ruf ausstößt, wenn das Verlangen zu heftig wird.

Es steht nicht im Belieben einer Seele, an die Wirklichkeit Gottes zu glauben, wenn Gott ihr diese Wirklichkeit nicht offenbart. Entweder sie heftet den Namen Gottes als ein Etikett auf etwas anderes, und dann ist es Götzendienst; oder der Gottesglaube bleibt abstrakt und ein bloßes Wort. Dies ist in den Ländern und Zeiten der Fall, wo man nicht einmal auf den Gedanken kommt, das religiöse Dogma in Zweifel zu ziehen. Der Zustand des Nicht-Glaubens ist dann das, was der heilige Johannes vom Kreuz eine Nacht nannte. Der Glaube besteht in bloßen Worten und dringt nicht in die Seele ein. In einer Zeit wie der unsrigen ist die Ungläubigkeit vielleicht ein Äquivalent der dunklen Nacht des heiligen Johannes vom Kreuz, wenn der Ungläubige Gott liebt, wenn er wie ein Kind ist, das nicht weiß, daß irgendwo Brot vorhanden ist, das aber seinen Hunger hinausschreit.

Wenn man Brot ißt und sogar wenn man es gegessen hat, weiß man, daß das Brot wirklich ist. Trotzdem kann man die Wirklichkeit des Brotes in Zweifel ziehen. Die Philosophen bezweifeln die Wirklichkeit der Sinnenwelt. Aber dies ist ein nur verbaler Zweifel, der die Gewißheit nicht antastet, der sie vielmehr für einen rechtgerichteten Geist noch offenkundiger macht. Ebenso kann der, welchem Gott seine Wirklichkeit offenbart hat, diese Wirklichkeit ohne Nachteil in Zweifel ziehen. Dies ist ein bloß verbaler Zweifel, eine nützliche Übung, um die Gesundheit der Vernunft zu stählen. Nur dann macht man sich eines Verbrechens des Verrates schuldig, wenn man, auch vor einer solchen Offenbarung, um wieviel mehr noch nachher, sich einen Zweifel darüber erlaubt, daß Gott das Einzige ist, das unsere Liebe verdient. Das heißt den Blick abwenden. Die Liebe ist der Blick der Seele.

JACQUES MONOD
1910–1976

Der französische Biochemiker, Direktor des Institut Pasteur in Paris, wurde 1959 Professor an der Sorbonne und 1967 Lehrstuhlinhaber für Molekularbiologie am Collège de France. 1965 erhielt er zusammen mit anderen den Nobelpreis für gemeinsame Forschungen zur regulativen Aktivität der Gene. 1971 erschien in deutscher Übersetzung sein Buch »Zufall und Notwendigkeit – Philosophische Fragen der modernen Biologie«, dem der folgende Abschnitt entnommen wurde.

Der Mensch muß allein entscheiden

Die Ethik der Erkenntnis ist schließlich in meinen Augen die zugleich rationale und bewußt idealistische Haltung, auf der allein ein wirklicher Sozialismus begründet werden könnte. Dieser große Traum des 19. Jahrhunderts lebt in den Herzen der Jugend noch immer mit schmerzlicher Heftigkeit fort – schmerzlich deshalb, weil dieses Ideal so oft verraten worden ist, und wegen der Verbrechen, die in seinem Namen begangen wurden. Es ist tragisch, doch es war vielleicht unvermeidlich, daß diese großartige Bestrebung ihren philosophischen Ausdruck nur in Gestalt einer animistischen Ideologie gefunden hat. Man erkennt leicht, daß die »geschichtlichen« Prophezeiungen, die sich auf den dialektischen Materialismus stützen, von Anfang an mit den Gefahren behaftet waren, die dann schließlich eingetreten sind. Der historische Materialismus beruht vielleicht in noch stärkerem Maße als die andern animistischen Lehren auf einer totalen Verwirrung von Wert- und Erkenntniskategorien. Gerade auf Grund dieser Verwirrung kann er dann in seiner Rede, die jeder Authentizität entbehrt, proklamieren, er habe die historischen Gesetze »wissenschaftlich« festgestellt und der Mensch könne ihnen nur noch gehorchen, wolle er nicht ins Wesenlose fallen.

Auf diese kindliche, wenn nicht gar tödliche Illusion muß ein für allemal verzichtet werden. Wie kann ein wahrer Sozialismus jemals auf einer ihrem Wesen nach unwahrhaftigen Ideologie errichtet werden – einer Karikatur der Wissenschaft, auf die sie sich nach der aufrichtigen Meinung ihrer Anhänger zu stützen vorgibt? Der Sozialismus hat nur dann eine Hoffnung, wenn er die Ideologie, die ihn seit mehr als einem Jahrhundert beherrscht, statt sie zu »revidieren«, total aufgibt. Wo sonst soll man die Quelle der Wahrheit und die moralische Inspiration eines wirklich wissenschaftlichen sozialistischen Humanismus finden, wenn nicht bei den Quellen der Wissenschaft selbst – in der Ethik, welche die Erkenntnis dadurch begründet, daß sie sie in freier Entscheidung zum höchsten Wert, zum Maß und Garanten aller übrigen Werte macht? Diese Ethik begründet die moralische Verantwortlichkeit auf der Freiheit jener grundsätzlichen Entscheidung. Allein die Ethik der Erkenntnis wird, wenn man sie als Basis der gesellschaftlichen und politischen Institutionen und damit als den Maßstab ihrer Wahrheit und ihrer Geltung akzeptiert, zum Sozialismus führen können. Die von dieser Ethik verlangten Institutionen sind der Verteidigung, Erweiterung und Entfaltung des transzendenten Reiches der Ideen, der Erkenntnis und der Schöpfung gewidmet. Dieses Reich ist im Menschen, und hier würde er, von materiellen Zwängen wie auch von der Knechtschaft der animistischen Lüge immer mehr befreit, endlich sein wahres Leben entfalten können; er würde von Institutionen geschützt, die in ihm den Untertan und zugleich den Schöpfer des

Reiches sähen und die ihm in seinem einmaligen, unwiederbringlichen Wesen dienen müßten.

Das ist vielleicht eine Utopie, aber es ist kein unzusammenhängender Traum. Diese Vorstellung drängt sich allein durch die Stärke ihrer logischen Geschlossenheit auf; sie ist die Schlußfolgerung, zu der die Suche nach dem Wahren unausweichlich führt. Der alte Bund ist zerbrochen; der Mensch weiß endlich, daß er in der teilnahmslosen Unermeßlichkeit des Universums allein ist, aus dem er zufällig hervortrat. Nicht nur sein Los, auch seine Pflicht steht nirgendwo geschrieben. Es ist an ihm, zwischen dem Reich und der Finsternis zu wählen.

Eugène Ionesco

Der französisch schreibende Dramatiker, Essayist und Romancier wurde 1912 in Rumänien geboren. Mit seinem 1950 uraufgeführten Einakter »Die kahle Sängerin« wurde er zum Stammvater des »Theaters des Absurden«. Weitere wichtige Stücke von ihm sind: »Die Stühle«, »Die Nashörner« und »Der König stirbt«. Die folgenden Texte wurden entnommen seinem Roman »Der Einzelgänger«. Die Überschrift stammt von der Redaktion.

Die Unbegreiflichkeit des Daseins

Ein grenzenloses Universum ist für unser Verständnis unbegreiflich. Und doch hatte man uns in der Schule gelehrt und überall wiederholt, daß das Universum unendlich sei. Und dann hatte man mir gesagt, das Universum sei endlich und nicht unendlich, und das schien mir noch unbegreiflicher, wenn man so sagen kann, denn was kommt nachher? Es ist wahrscheinlich, daß das Universum weder endlich noch unendlich ist, denn die Wörter endlich oder unendlich sind Ausdrücke, die nichts besagen. Wenn man sich weder das Endliche noch das Unendliche, noch das Nicht-Endliche noch das Nicht-Unendliche vorstellen kann, elementare und so einfache Dinge, daß man geschaffen sein sollte, sie zu begreifen, was könnten wir dann anderes tun als nicht zu denken? Unser ganzer Verstand tappt im Chaos. Was können wir von der Gerechtigkeit, von der physischen Ordnung, von der Geschichte, den Natur-, den Weltgesetzen wissen, wenn uns die einfachsten Grundlagen unseres Begriffsvermögens unbekannt sind. Nur nicht denken. An nichts denken. Über nichts urteilen. Sonst werde ich verrückt . . .

. . . Das Weltall schien mir eine Art großer Käfig zu sein oder vielmehr eine Art Gefängnis, der Himmel, der Horizont schienen mir Mauern, hinter denen etwas anderes sein müßte, aber was? Ich war innerhalb eines unermeßlichen Raumes und doch eingesperrt. Oder vielmehr, es war ein großes Schiff und ich darin und darüber der Himmel wie ein großer Deckel. Wir waren eine Menge von Gefangenen. Mir schien, den meisten von ihnen war nicht bewußt, daß sie Gefangene waren. Was war jenseits der Mauern?

. . . Was ist dieses Ich? Existiert es? Ja, es existiert. Aber ist es? Nur dann, wenn wir an eine Seele glauben, die in die Welt geworfen wurde und mit sich geschehen läßt. Vielleicht sind wir nur Knoten, kurzdauernde Kreuzungen von Energien, von Kräften verschiedener und gegensätzlicher Tendenzen, die der Tod löst. Doch diese Kräfte, diese energetischen Geschehnisse sind wiederum wir selbst, wir sind gemacht, wir sind hervorgebracht, wir werden in Bewegung gesetzt, aber auch wir machen uns selbst, wir setzen in Bewegung . . .

Es gibt nichts Wirkliches, es gibt nichts Falsches, es gibt nichts Wahres, alles läuft trotzdem, alles läßt sich überprüfen. Gott läßt uns die Freiheit, Wünsche zu haben, Begierden, Interpretationen, Hypothesen aufzustellen, die einander widersprechen oder auch nicht und die gültig sind, die einen und die anderen, um etwas daraus zu machen . . .

Nach meinem 7. Apéritif dachte ich, es gebe weder Wirkliches noch Unwirkliches, weder Wahrheit noch Lüge. Alle Philosophien, alle Theologien sind gut oder schlecht, je nachdem, ob man will oder nicht . . . Das brachte mich zum Lachen. Ich schaute wieder den Passanten zu. Alle unterscheiden sich voneinander, und alle sind gleich. Nur die Praxis zählt. Nur die Praxis, nichts sonst . . .

Ja, die Existenz, die Welt, die Menschen, all das ist gespenstisch. Wesentlich ist nur, was außerhalb von alledem ist, jenseits der Mauer. In die Welt geworfen zu sein, das ist das Elend. Unaufhörlich zum Anfang zurückkehren, sich nicht gehenlassen, sich nicht mitreißen lassen. Mit dem Rücken an die Mauer gelehnt, die Welt betrachten oder sich zur Mauer umwenden, sich an die Mauer pressen. Vielleicht wird sie nachgeben? . . .

Albert Camus
1913–1960

Der französische Philosoph, Dramatiker und Erzähler ist in Algerien geboren und aufgewachsen und kommt erst im Zweiten Weltkrieg nach Frankreich, wo er sich einer Widerstandsgruppe anschließt. Neben seinem Roman »Die Pest«, der 1947 in Paris erschienen ist, kann der philosophische Essay »Der Mythos von Sisyphos«, den der Autor in den Jahren 1940 bis 1941 verfaßte, als eines seiner Hauptwerke angesehen werden; aus ihm stammt der folgende Text. 1957 erhielt Albert Camus den Nobelpreis für Literatur.

Die Welt des Absurden

Bäume gibt es, deren runzlige Rinde ich kenne, und Wasser, dessen Geschmack ich koste. Dieser Grasduft und Sternenschein, die Nacht, Abende, an denen das Herz weit wird – wie könnte ich die Welt leugnen, deren Macht und Stärke ich erfahre? Trotzdem gibt mir alles Wissen über diese Erde nichts, was mir die Sicherheit gäbe, daß diese Welt mir gehört. Man kann sie mir beschreiben, und man kann mich lehren, sie zu klassifizieren. Man kann ihre Gesetze aufzählen, und in meinem Wissensdurst halte ich sie für wahr. Man kann ihren Mechanismus auseinandernehmen, und meine Hoffnung wächst. Zuallerletzt lehrt man mich, dieses zauberhafte und farbenprächtige Universum lasse sich auf das Atom zurückführen und das Atom wieder auf das Elektron. Das ist alles sehr schön, und ich warte, wie es weitergehen soll. Da erzählt man mir aber von einem unsichtbaren Planetensystem, in dem die Elektronen um einen Kern kreisen. Man erklärt mir die Welt mit einem Bild. Jetzt merke ich, daß wir bei der Poesie gelandet sind: nie werde ich wirklich etwas wissen. Habe ich etwa Zeit, darüber entrüstet zu sein? Man ist schon wieder bei einer anderen Theorie. So läuft diese Wissenschaft, die mich alles lehren sollte, schließlich auf eine Hypothese hinaus, die Klarheit taucht in einer Metapher unter, die

Ungewißheit stellt sich als ein Kunstwerk heraus. Hatte ich so viele Anstrengungen nötig? Die sanften Linien dieser Hügel und die Hand des Abends auf meinem erregten Herzen lehren mich viel mehr. Ich bin wieder beim Ausgangspunkt angelangt. Ich begreife: wenn ich die Erscheinungen wissenschaftlich fassen und aufzählen kann, dann kann ich damit noch nicht die Welt einfangen. Wenn ich ihre ganze Oberfläche mit dem Finger abtastete, wüßte ich auch nicht mehr von ihr. Und da soll ich wählen zwischen einer Beschreibung, die sicher ist, mich aber nichts lehrt, und Hypothesen, die mich angeblich etwas lehren, aber keineswegs sicher sind. Mir selber fremd und dieser Welt, ausgerüstet mit keinem anderen Hilfsmittel als mit einem Denken, das sich selbst negiert, sobald es eine Behauptung aufstellt – was ist das für eine Situation, in der ich nur Frieden finden kann durch die Ablehnung des Wissens und des Lebens, in der die Eroberungslust an Mauern stößt, die diesen Begriffen trotzen? Wollen heißt Widersprüche wecken. Alles ist auf das Zustandekommen jenes vergifteten Friedens eingerichtet, den Sorglosigkeit, Trägheit des Herzens oder tödliche Entsagung schenken.

Auch der Verstand sagt mir also auf seine Weise, daß diese Welt absurd ist. Sein Widerpart, die blinde Vernunft, tut vergeblich so, als wäre alles klar; ich wartete auf Beweise und wünschte, sie hätte recht. So vielen anmaßenden Jahrhunderten zum Trotz, ja – auch so vielen und beredten überzeugungskräftigen Männern zum Trotz weiß ich, daß es falsch ist. Auf dieser Ebene zumindest gibt es, wenn ich nicht wissen darf, kein Glück. Diese allgemeine, praktische oder moralische Vernunft, dieser Determinismus, diese alles klärenden Kategorien haben für einen aufrichtigen Menschen etwas Lächerliches. Sie haben mit dem Geist nichts zu tun. Sie leugnen seine tiefe Wahrheit: daß er in Fesseln liegt. In diesem undeutbaren und begrenzten Universum bekommt das Schicksal des Menschen nun seinen Sinn. Viele irrationale Größen sind aufgetaucht und bleiben bis zu seiner letzten Stunde um ihn. In seiner neuen, nun auf Übereinkunft gegründeten Hellsichtigkeit wird das Gefühl für das Absurde klarer und deutlicher. Ich sagte, die Welt sei absurd, und ging damit zu rasch vor. An sich ist diese Welt nicht vernünftig – das ist alles, was man von ihr sagen kann. Absurd aber ist die Gegenüberstellung des Irrationalen und des glühenden Verlangens nach Klarheit, das im tiefsten Innern des Menschen laut wird. Das Absurde hängt ebensosehr vom Menschen ab wie von der Welt. Es ist zunächst das einzige Band zwischen ihnen. Es bindet sie so fest, wie nur der Haß die Geschöpfe aneinanderketten kann. Das ist alles, was ich in dieser maßlosen Welt, in der mein Abenteuer abläuft, klar erkennen kann.

Ingeborg Bachmann
1926–1973

Die österreichische Lyrikerin, Hörspielautorin und Erzählerin ist auf tragische Weise in Rom ums Leben gekommen, einer Stadt, in der sie zwei Jahrzehnte ihres Lebens verbracht hat. Ihr erster Gedichtband »Die gestundete Zeit« erschien 1953. Sehr bekannt wurde sie mit ihrem Hörspiel »Der gute Gott von Manhattan« 1958. 1971 veröffentlichte sie den Roman »Malina«. Der folgende Text entstammt einer Rede aus dem Jahre 1959.

Die Wahrheit ist dem Menschen zumutbar

Der Schriftsteller – und das ist in seiner Natur – wünscht, sich Gehör zu verschaffen. Und doch erscheint es ihm eines Tages wunderbar, wenn er fühlt, daß er zu wirken vermag – um so mehr, wenn er wenig Tröstliches sagen kann vor Menschen, die des Trostes bedürftig sind, wie nur Menschen es sein können, verletzt, verwundet und voll von dem großen geheimen Schmerz, mit dem der Mensch vor allen anderen Geschöpfen ausgezeichnet ist. Es ist eine schreckliche und unbegreifliche Auszeichnung. Wenn das so ist, daß wir sie tragen und mit ihr leben müssen, wie soll dann der Trost aussehen und was soll er uns überhaupt? Dann ist es doch – meine ich – unangemessen, ihn durch Worte herstellen zu wollen. Er wäre ja, wie immer er aussähe, zu klein, zu billig, zu vorläufig.

So kann es auch nicht die Aufgabe des Schriftstellers sein, den Schmerz zu leugnen, seine Spuren zu verwischen, über ihn hinwegzutäuschen. Er muß ihn, im Gegenteil, wahrhaben und noch einmal, damit wir sehen können, wahrmachen. Denn wir wollen alle sehend werden. Und jener geheime Schmerz macht uns erst für die Erfahrung empfindlich und insbesondere für die der Wahrheit. Wir sagen sehr einfach und richtig, wenn wir in diesen Zustand kommen, den hellen, wehen, in dem der

Schmerz fruchtbar wird: Mir sind die Augen aufgegangen. Wir sagen das nicht, weil wir eine Sache oder einen Vorfall äußerlich wahrgenommen haben, sondern weil wir begreifen, was wir doch nicht sehen können. Und das sollte die Kunst zuwege bringen: daß uns, in diesem Sinne, die Augen aufgehen.

Der Schriftsteller – und das ist auch in seiner Natur – ist mit seinem ganzen Wesen auf ein Du gerichtet, auf den Menschen, dem er seine Erfahrung vom Menschen zukommen lassen möchte (oder seine Erfahrung der Dinge, der Welt und seiner Zeit, ja von all dem auch!), aber insbesondere vom Menschen, der er selber oder die anderen sein können und wo er selber und die anderen am meisten Mensch sind. Alle Fühler ausgestreckt, tastet er nach der Gestalt der Welt, nach den Zügen des Menschen in dieser Zeit. Wie wird gefühlt und was gedacht und wie gehandelt? Welche sind die Leidenschaften, die Verkümmerungen, die Hoffnungen . . .?

Wenn in meinem Hörspiel »*Der gute Gott von Manhattan*« alle Fragen auf die nach der Liebe zwischen Mann und Frau und was sie ist, wie sie verläuft und wie wenig oder wieviel sie sein kann, hinauslaufen, so könnte man sagen: Aber das ist ein Grenzfall. Aber das geht zu weit . . .

Nun steckt aber in jedem Fall, auch im alltäglichsten von Liebe, der Grenzfall, den wir, bei näherem Zusehen, erblicken können und vielleicht uns bemühen sollten, zu erblicken. Denn bei allem, was wir tun, denken und fühlen, möchten wir manchmal bis zum Äußersten gehen. Der Wunsch wird in uns wach, die Grenzen zu überschreiten, die uns gesetzt sind. Nicht um mich zu widerrufen, sondern um es deutlicher zu ergänzen, möchte ich sagen: Es ist auch mir gewiß, daß wir in der Ordnung bleiben müssen, daß es den Austritt aus der Gesellschaft nicht gibt und wir uns aneinander prüfen müssen. Innerhalb der Grenzen aber haben wir den Blick gerichtet auf das Vollkommene, das Unmögliche, Unerreichbare, sei es der Liebe, der Freiheit oder jeder reinen Größe. Im Widerspiel des Unmöglichen mit dem Möglichen erweitern wir unsere Möglichkeiten. Daß wir es erzeugen, dieses Spannungsverhältnis, an dem wir wachsen, darauf, meine ich, kommt es an; daß wir uns orientieren an einem Ziel, das freilich, wenn wir uns nähern, sich noch einmal entfernt.

Wie der Schriftsteller die anderen zur Wahrheit zu ermutigen versucht durch Darstellung, so ermutigen ihn die anderen, wenn sie ihm, durch Lob und Tadel, zu verstehen geben, daß sie die Wahrheit von ihm fordern und in den Stand kommen wollen, wo ihnen die Augen aufgehen. Die Wahrheit nämlich ist dem Menschen zumutbar ... Ich glaube, daß dem Menschen eine Art des Stolzes erlaubt ist – der Stolz dessen, der in der Dunkelhaft der Welt nicht aufgibt und nicht aufhört, nach dem Rechten zu sehen.

Leszek Kolakowski

Der polnische Philosoph wurde 1927 geboren und war zunächst – seit 1958 – Professor für neuere Philosophiegeschichte in Warschau. Wegen seines Eintretens für die Opposition wurde er 1966 aus der Kommunistischen Partei Polens ausgeschlossen. Nach dem Verlust seines Lehrstuhles emigrierte er nach Kanada. Er wirkte als Gastprofessor in Montreal und Berkeley. Seit 1970 ist er Professor am All Souls College in Oxford. 1977 erhielt er den Friedenspreis des Deutschen Buchhandels. 1982 erschien in Deutsch sein Buch »Falls es keinen Gott gibt«.

Was der Mensch vermag

Wir behaupten zu wissen, daß nichts immer grün ist, daß jede Lebensquelle einmal erschöpft ist, jede Konzentration von Energie einmal zerfällt. Wir behaupten zu wissen, daß der biologische Lebensprozeß selbst die Quelle von Angst, Konflikten, Aggression, Unsicherheit und Sorge ist. Wir behaupten zu wissen, daß kein beständiges System von Werten möglich ist und bei jedem Schritt einige Werte, die wir für wichtig halten, zueinander in Widerspruch geraten, wenn wir sie im Einzelfall praktisch anwenden; daß die Tragödie, das heißt der moralische Sieg des Bösen, jederzeit möglich ist. Wir behaupten zu wissen, daß unsere Vernunft oft unsere Fähigkeit behindert, unsere Kräfte zu mobilisieren, und daß unsere Augenblicke der Freude oft genug unserer intellektuellen Wachheit abgenötigt sind. Wir behaupten zu wissen, daß jede Schöpfung ein Kampf des Menschen gegen sich selbst ist und zumeist auch gegen andere, daß der Blitz der Liebe sich an sehnsuchtsvoller Entbehrung entzündet und daß in unserer Welt die einzig mögliche volle Einheit der Tod ist. Wir behaupten zu wissen, warum unsere edlen Absichten ins Böse abgleiten, unser gutes Streben aus einem Hintergrund der Eitelkeit erwächst, des Hasses, des Stolzes, des Neides, eigensüchtiger Absichten. Wir behaupten zu wissen, daß das meiste in unserem Leben in der Flucht vor der Wirklichkeit oder im Verstecken der Wirklichkeit vor uns besteht. Wir behaupten zu wissen, daß wir bei der Verbesserung der Welt uns in engen Grenzen bewegen, begrenzt sowohl von unserer biologischen Struktur als auch vom Druck der vergangenen Geschichte, die uns geformt hat und aus der wir so weit nicht ausbrechen können. All diese Dinge, die wir zu wissen behaupten, machen die Wirklichkeit der Erbsünde aus – und trotzdem versuchen wir diese Wirklichkeit zu verleugnen.

Gewiß ist diese Leugnung nicht grundlos, und es mögen einige Argumente gesucht werden, sie zu rechtfertigen. Es mag gesagt werden, daß die Wahrheit bisweilen vergiftend ist und die Lüge ein Segen. Man kann argumentieren, gerade die Wahrheit über die Erbsünde ziehe den Schluß nach sich, daß diese Wahrheit nicht herausgekehrt werden soll, weil die Erkenntnis, wie bescheiden die Grenzen sind, innerhalb derer sich unsere Anstrengungen mit Erfolg bewähren können, so entmutigend wirkt, daß sie uns auch in dem, was wir tun können, schwächt und paralysiert. Man kann auch argumentieren, daß nur eine unendliche Hoffnung fähig ist, die Menge an Energie zu mobilisieren, die zur Erreichung einiger endlicher Ziele gebraucht wird. Es erscheint einleuchtend zu sagen: wenn wir das Leiden schon nicht ausmerzen können, so sind wir in der Lage, es zu lindern, und um dies erfolgreich zu tun, müssen wir den falschen Glauben annehmen, wir könnten das Leiden endgültig zerstören.

Kurz gesagt, man kann argumentieren: wenn wir tun, was wir können, dann ist dies nur, weil wir glauben, wir könnten etwas tun, was wir nicht zu tun vermögen.

Autorenverzeichnis und Quellennachweis

213 BACHMANN, INGEBORG
Auszug aus: »Die Wahrheit ist dem Menschen zumutbar«. Rede zur Verleihung des Hörspielpreises der Kriegsblinden 1959; abgedruckt in: »Ingeborg Bachmann – Gedichte, Erzählungen, Hörspiele, Essays«, R. Piper & Co. Verlag, München 1964, S. 294 bis 296.
13 BONAVENTURA
Zitiert nach: »Nachtwachen von Bonaventura«, herausgegeben von W. Paulsen, Reclam UB 8926/27, Stuttgart 1964, S. 74 bis 75.
151 BRECHT, BERTOLT
Zitiert nach: »Bertolt Brechts Gedichte und Lieder«, Auswahl Peter Suhrkamp, Bibliothek Suhrkamp Band 33, S. 22–25. Auch in: »Gesammelte Werke«, Suhrkamp Verlag, Frankfurt/M. 1967.
103 BUBER, MARTIN
Entnommen aus: Martin Buber »Nachlese«, Verlag Lambert Schneider, Heidelberg 1965, 2. Auflage S. 107–112.
209 CAMUS, ALBERT
Zitiert nach: »Der Mythos von Sisyphos – Ein Versuch über das Absurde«, rowohlts deutsche enzyklopädie 90, S. 22–23, © by Karl Rauch Verlag, Düsseldorf 1950. Enthalten in: »Das Frühwerk«, Karl Rauch Verlag, Düsseldorf 1967.
49 DARWIN, CHARLES
Entnommen aus: »Die Entstehung der Arten durch natürliche Zuchtwahl«, aus dem Englischen übersetzt von David Haek, Verlag Philipp Reclam jun., Leipzig o.J., S. 658–659.
109 DÖBLIN, ALFRED
Der erste Abschnitt stammt aus: »Unser Dasein«, Walter-Verlag AG, Olten und Freiburg im Breisgau 1964, S. 237–238. Der zweite Abschnitt stammt aus: »Der unsterbliche Mensch/Der Kampf mit dem Engel«, Walter-Verlag AG, Olten und Freiburg im Breisgau, 1980, S. 586–587.

21 Droste-Hülshoff, Annette von
Zitiert nach: »Gesammelte Werke«, eingeleitet von Fred von Zollikofer, Zweiter Band, Karl Voegels Verlag, Berlin 1928, S. 278–280.

125 Ebner, Ferdinand
Entnommen aus: »Schriften, Zweiter Band: Notizen, Tagebücher, Lebenserinnerungen«, herausgegeben von Franz Seyr, Kösel-Verlag, München 1963, S. 9–10, 12–13.

191 Eccles, Sir John C.
Entnommen aus: John C. Eccles/Hans Zeier »Gehirn und Geist« (Reihe »Geist und Psyche« Band 2225), Fischer Taschenbuch Verlag, Frankfurt/M, S. 193–194.

113 Einstein, Albert
Entnommen aus: »Mein Weltbild«, herausgegeben von Carl Seelig, Ullstein Bücher Nr. 35024, S. 7–10. Alle Rechte beim Europa Verlag A.G., Zürich.

29 Feuerbach, Ludwig
Zitiert nach: »Sämtliche Schriften«, herausgegeben von Wilhelm Bolin und Friedrich Jodl (Neudruck der Ausgabe: Stuttgart 1903 bis 1911), Verlag Frommann-Holzboog, Stuttgart-Bad Cannstatt 1960–1964, Band 1, S. 84–90.

81 Freud, Sigmund
Zitiert nach: Sigmund Freud Studienausgabe Band IX »Fragen der Gesellschaft/Urspünge der Religion«, herausgegeben von Alexander Mitscherlich, Angela Richards, James Strachey, S. Fischer Verlag GmbH, Frankfurt/M. 1974, S. 165–167, 171 bis 172.

157 Fromm, Erich
Zitiert nach: »Jenseits der Illusionen«, rororo-Taschenbuch Nr. 7388, Reinbek 1981, S. 159ff. Mit freundlicher Genehmigung der Deutschen Verlags-Anstalt GmbH, Stuttgart.

177 Heisenberg, Werner
Entnommen aus: »Der Teil und das Ganze – Gespräche im Umkreis der Atomphysik«, R. Piper & Co. Verlag, München 1969, S. 288, 291–292, 295.

139 Horkheimer, Max
Der erste Text wurde entnommen aus: »Notizen 1950 bis 1969 und Dämmerung«, herausgegeben von Werner Brede, S. Fischer Verlag GmbH, Frankfurt/M. 1974, S. 29. – Der zweite

Text entstammt dem Buch »Dienstagsgespräche mit Zeitgenossen«, herausgegeben von Gerhard Rein, Kreuz Verlag, Stuttgart 1976, S. 170ff.

87 Huch, Ricarda
Zitiert nach: »Urphänomene«, Atlantis Verlag, Zürich 1946, S. 163–168.

205 Ionesco, Eugène
Entnommen aus: »Der Einzelgänger«, Roman, aus dem Französischen übersetzt von Lore Kornell, Carl Hanser Verlag, München 1974, S. 17ff. (dort ohne die – vom Kreuz Verlag gewählte – Überschrift).

99 Jung, Carl Gustav
Entnommen aus: »Erinnerungen, Träume, Gedanken von C. G. Jung«, herausgegeben von Aniela Jaffé, Walter-Verlag, Olten 1981 (11. Aufl.), S. 327–329.

53 Kierkegaard, Sören
Der erste Abschnitt stammt aus: »Tagebücher 1834–1855«, ausgewählt und übertragen von Theodor Haecker, Kösel-Verlag, München 1953, S. 636–637.
Der zweite Abschnitt stammt aus: »Einübung im Christentum«, übersetzt von Emanuel Hirsch, Eugen Diederichs Verlag, Düsseldorf/Köln 1955, S. 115–116.
Der dritte Abschnitt stammt aus: »Christliche Reden 1848«, übersetzt von Emanuel und Rose Hirsch, Eugen Diederichs Verlag, Düsseldorf/Köln 1959, S. 157–158.

217 Kolakowski, Leszek
Entnommen aus: »Leben trotz Geschichte«, R. Piper & Co. Verlag, München 1977, S. 197–198.

65 Marx, Karl
Zitiert nach: »Karl Marx/Friedrich Engels, Studienausgabe in 4 Bänden«, herausgegeben von Iring Fetscher, Band I Philosophie, Fischer Bücherei 764, Frankfurt/M. 1966, S. 17–18+24.

135 Miller, Henry
Zitiert nach: »Ein Henry Miller Lesebuch«, herausgegeben von Lawrence Durrell, Rowohlt Verlag, Reinbek 1961, S. 313, 316, 322–323.

201 Monod, Jaques
Entnommen aus: »Zufall und Notwendigkeit. Philosophische Fragen der Biologie«, aus dem Französischen übersetzt von

Friedrich Griese, R. Piper & Co. Verlag, München 1971, S. 218 bis 219.
25 Newman, John Henry
Zitiert nach: »John Henry Newman«, Auswahl und Einleitung von Walter Lipgens, Fischer Bücherei 217, Fischer Taschenbuch Verlag, Frankfurt/M. 1958, S. 199ff.
73 Nietzsche, Friedrich
Zitiert nach: »Friedrich Nietzsche, Studienausgabe in 4 Bänden«, ausgewählt und eingleitet von Hans Heinz Holz, Band 3, Fischer Bücherei 929, Frankfurt/M. 1968, S. 60–61, 64–65 und 239.
145 Portmann, Adolf
Entnommen aus: »Biologie und Geist«, suhrkamp taschenbuch 124, Suhrkamp Taschenbuch Verlag, Frankfurt/M. 1973, S. 337 bis 339.
93 Russell, Bertrand
Entnommen aus: »Warum ich kein Christ bin«, aus dem Englischen übertragen von Marion Steipe, rororo Taschenbuch 6685, Rowohlt Taschenbuch Verlag, Reinbek 1968, S. 61–63.
185 Schneider, Reinhold
Zitiert nach: »Erfüllte Einsamkeit«, Herder Verlag, Freiburg 1963, S. 52–55. Jetzt in: »Gesammelte Werke«, Insel-Verlag, Frankfurt/M. 1977ff.
17 Schopenhauer, Arthur
Zitiert nach: »Sämtliche Werke«, textkritisch bearbeitet und herausgegeben von Wolfgang Freiherr von Löhneysen, Band V, Cotta-Verlag, Stuttgart, und Insel-Verlag, Frankfurt/M. 1965, S. 425–427.
181 Steinbeck, John
Entnommen aus: »Jenseits von Eden«, Roman, Deutsch von Harry Kahn, Diana Verlag, Zürich/Stuttgart 1953, S. 169–171.
35 Stifter, Adalbert
Der Brief Stifters wird zitiert nach: »Die Lebensgeschichte Adalbert Stifters in seinen Briefen«, herausgegeben und eingeleitet von Friedrich Seebaß, Rainer Wunderlich Verlag Hermann Leins, Tübingen und Stuttgart 1951, S. 184–186.
39 Stirner, Max
Entnommen aus: »Der Einzige und sein Eigentum«, Leipzig 1892, S. 12–14 und S. 428–429.

119 TEILHARD DE CHARDIN, PIERRE
Entnommen aus: »Mein Universum«, aus dem Französischen übersetzt von Karl Schmitz-Moormann, Walter-Verlag, Olten und Freiburg im Breisgau 1973, S. 9–14.
131 TILLICH, PAUL
Entnommen aus: »Das Ewige im Jetzt«, Religiöse Reden 3. Folge, Evangelisches Verlagswerk, Stuttgart 1964, S. 67–69.
59 THOREAU, HENRY D.
Entnommen aus: »Walden oder Leben in den Wäldern«, aus dem Englischen übersetzt von Wilhelm Nobbe, Eugen Diederichs Verlag, Jena 1905, S. 88ff.
69 TOLSTOI, LEO
Zitiert nach: »Werke in vier Bänden«, Salzburg 1979, Band I, S. 245–246.
45 VISCHER, FRIEDRICH THEODOR
Entnommen aus: »Auch Einer. Eine Reisebekanntschaft«, Stuttgart–Berlin 1912, S. 363–365.
195 WEIL, SIMONE
Entnommen aus: »Das Unglück und die Gottesliebe«, deutsche Übersetzung von Friedhelm Kemp, Kösel-Verlag, München 1961, 2. Auflage S. 226–230.
171 WOLFE, THOMAS
Entnommen aus: »Es führt kein Weg zurück«, deutsch von Susanne Rademacher, Rowohlt Verlag, Reinbek bei Hamburg 1950, S. 620–621.